Routledge
Taylor & Francis Group

美国高校学生事务管理丛书
胡建新 主编 徐昌和 副主编

A RULER CANNOT MEASURE ALL SCHOOLS

TRADITIONAL AND INNOVATIVE M
STUDENT AFFAIRS PRACTICE

SECOND EDITION

一把尺子无法丈量所有学校

（第二版）

凯思琳·曼宁（Kathleen Manning）
吉莉安·肯奇（Jillian Kinzie） 著 束少军 译
约翰·H. 舒（John H. Schuh）

高等教育出版社·北京

图字：01-2016-2335 号

One Size Does Not Fit All: Traditional and Innovative Models of Student Affairs Practice, 2ndEdition,
By Kathleen Manning, Jillian Kinzie, John H. Schuh

图书在版编目（C I P）数据

一把尺子无法丈量所有学校 ： 第二版 / (美)凯思琳・曼宁(Kathleen Manning)，(美)吉莉安・肯奇(Jillian Kinzie)，(美)约翰・H.舒(John H. Schuh)著；束少军译. -- 北京 ： 高等教育出版社，2020.11
（美国高校学生事务管理丛书 / 胡建新主编）
书名原文： One Size Does Not Fit All: Traditional and Innovative Models of Student Affaris Practice
ISBN 978-7-04-052388-1

Ⅰ. ①一… Ⅱ. ①凯… ②吉… ③约… ④束… Ⅲ. ①高等学校-学生工作-研究-中国 Ⅳ. ①G645. 5

中国版本图书馆CIP数据核字(2019)第168794号

一把尺子无法丈量所有学校（第二版）
YIBA CHIZI WUFA ZHANGLIANG SUOYOU XUEXIAO (DI ER BAN)

策划编辑 包小冰　责任编辑 包小冰　封面设计 张申申　版式设计 张 杰
插图绘制 李沛蓉　责任校对 刁丽丽　责任印制 存 怡

出版发行 高等教育出版社
社　　址 北京市西城区德外大街 4 号
邮政编码 100120
印　　刷 唐山嘉德印刷有限公司
开　　本 787mm × 1092mm 1/16
印　　张 12.75
字　　数 220 千字
购书热线 010-58581118
咨询电话 400-810-0598

网　　址 http://www.hep.edu.cn
　　　　 http://www.hep.com.cn
网上订购 http://www.hepmall.com.cn
　　　　 http://www.hepmall.com
　　　　 http://www.hepmall.cn
版　　次 2020年11月第 1 版
印　　次 2020年11月第 1 次印刷
定　　价 58.00 元

物 料 号 52388-00

全国教育科学“十二五”规划2014年度教育部
重点课题“高校辅导员专业化知识体系构建”成果
（项目编号：DIA140318）

总　序

以辅导员制度为主要形式的我国高校学生事务工作在高等教育发展中扮演着重要角色，它为培养中国特色社会主义事业的建设者和接班人发挥了不可替代的作用。我国高校辅导员制度从初创时期，到因“文化大革命”而停止，再到“文化大革命”结束后恢复并不断强化，至今已逐渐走向成熟。2004 年在党和政府的高度重视下，我国教育界发生了一场巨大的变革：一方面，这场变革促进了人们对高校学生事务工作在学生成长与发展中作用的再认识；另一方面，高校学生事务向职业化、专业化方向发展的要求改变了高校辅导员制度的发展路径。因此，如何实现对高校学生事务新的认识价值，如何走好高校辅导员制度专业化发展之路，都成为我国高校学生事务发展的核心问题。

源于长期在高校工作的经历，我对高校学生事务一直保持高度关注并对其价值有朴素认识。在攻读博士学位期间，我选择了对高校辅导员制度专业化发展的研究，试图能为高校辅导员的职业价值进行辩护，为高校辅导员制度的专业性进行论证，并寻求高校辅导员专业发展的有效路径。遗憾的是，在查阅相关文献资料并为博士学位论文做准备时，我很难找到关于国外高校学生事务管理方面的中文版书籍，这与高校教师发展译丛数量众多的情形大相径庭，因此，我就产生了翻译国外高校学生事务著作的念头。

翻译出版“美国高校学生事务管理丛书”的目的并不是想让我国高校辅导员制度照抄照搬美国高校学生事务发展之路。尽管美国高校学生事务管理拥有两百多年的发展历程，且专业化程度也相对较高，美国高校不仅设置高校学生事务管理专业，还有高校学生事务行业标准，但是，高校学生事务管理制度和发展模式不能独立于社会情景而独立存在，必须与社会政治、经济、文化和历史相适应。中国特色社会主义道路决定了我国高校辅导员制度有与国情相适应的独特优势。无论是什么样的发展模式，不同国家高校学生事务专业化发展的路径是可以相互借鉴和讨论的，本丛书翻译出版的目的也是介绍国外高校学生事务实践的最新研究，为我国高校辅导员制度专业化发展路径提供丰富的可借鉴素材。

自2004年提出高校辅导员制度职业化、专业化发展路径后，国内关于高校辅导员专业化发展问题的研究随之兴起，但讨论的中心大多倾向于辅导员的性质和功能，或者是高校辅导员的工作内容而不是工作方法，且大多停留在比较宏观和抽象的概念上，至于专业化究竟是什么样的，怎样才能实现专业化的问题，至今并未弄得很清楚，这导致我国的辅导员制度并未得到充分的发展。

美国大学学生事务最突出之处有三：一是学生事务项目评估，评估学校的学生事务工作是否符合学校发展目标并能否促进学生成功；二是尽可能地把学生事务落到实处，把教育理念体现在具体的学生事务工作之中，以此来构成完整的学生事务实践体系；三是有目标，即以学生的成长和发展作为目标。这都是我们可以借鉴的地方。

本丛书高校学生事务理论与实践兼备，涉及的问题也都是辅导员专业化的本质问题，书中有很多案例是非常具体的学生事务工作研究。丛书共有五本，分别是《学生事务评估：实践指导》《学生事务评估实务：应用手册》《学生事务评估方法》《学生事务管理手册（第三版）》和《一把尺子不能丈量所有学校（第二版）》。尽管都是讲学生事务评估方面的内容，但每本书侧重不同，有的偏向理论研究，有的偏向实践指导。

《学生事务评估：实践指导》介绍了美国高校学生事务评估的发展历程。美国高校学生事务工作也与我国高校辅导员制度一样，长期以来其工作价值遭受质疑。但是在高等教育经费紧张的情况下，最终因学生事务工作者的努力，美国高校学生事务工作在学生成长中的价值得到了认可。该书提出的综合性学生事务评估方案，不仅以科学的方法有效展示了学生事务评估工作的价值、重要性和有效性，还帮助学生事务工作人员回答了一些问题：为什么要评估？评估什么？怎样评估？对这些问题的解答促进了学生服务项目质量的提升。学生事务工作往往是通过具体事务性工作开展教育的，每一个具体细小的事务性工作恰恰构成其价值，缺一不可。该书聚焦于一线的学生事务工作，提出了综合性评估的八类评估活动：记录用户使用服务、项目和设施的情况，评估学生需求，评估学生满意度，评估校园环境，评估学生文化，评估项目和服务结果，跨校工作表现比较，基于专业标准的工作效能评估。该书为学生事务具体实践提供了指导，也反映了美国高校学生事务工作的专业化程度。该书兼具理论与实践意义，其理论意义在于为评估提供了理论基础，其实践意义在于将学生事务工作最有价值的部分落细、落小、落实。

《学生事务评估实务：应用手册》内容主要来源于《学生事务评估：实践指导》。《学生事务评估：实践指导》更倾向于为学生事务工作价值进行辩护和证明，而《学生事务评估实务：应用手册》则注重构建学生事务评估工作的系统和规范，有效测量了学生事务中的服务项目及设施的效果与价值。书中有 11 个非常细化并配以案例说明的评估步骤：明确问题、明确研究目的、明确信息获得渠道、确定最佳方法、确定研究对象、确定数据采集渠道、确定数据采集工具、确定数据采集者、确定数据分析方法、确定研究对政策制定的影响和政策实施的内涵、采用高效的研究报告。这 11 个步骤不仅使评估更加科学严谨，还使学生事务工作者有收获，更有意义的是将各类评估中应该解决的问题在各个步骤之中都予以说明。评估方法采用定性与定量研究方法相结合，该书没有拘泥于符合心理测量学严格标准的商业化工具，对地方性工具也进行了介绍与分析。该书通过对需求评估、满意度评估、校园环境评估、辍学生评估、毕业生评估、群体教育项目评估和一些特定的学生服务与项目，如学生学业成就评估、大学一年级项目评估、校园文体项目评估、学生中心评估、就业服务评估、心理咨询服务评估、学生行为规范评估等的介绍、讨论与分析，涵盖了高校学生事务普遍性的具体工作以及普遍被忽视的工作。当前我国高校学生事务存在的一个普遍性的问题是，学生事务工作者非常忙碌，教育服务项目很多，但学生事务工作的有效性不得而知。而这些评估正是为解决学生事务项目有效性问题而设置的，这是我国高校学生事务工作值得参考的地方。该书不讨论评估理论，只关注如何评估以及如何撰写评估报告，因而是一本实实在在的学生事务评估实务与应用手册。

《学生事务评估方法》关注的并不是让读者相信实行评估项目是学生事务实践中的一个必要部分，而是怎样实施评估项目。该书是为准备进行评估项目但不清楚怎样处理项目中技术问题的学生事务实践者设计的，它主要帮助解决项目中的抽样、收集和分析数据、汇报结果等问题。该书不讨论理论问题，而是聚焦于解决学生事务评估中出现的实际问题。《学生事务评估方法》是对《学生事务评估：实践指导》和《学生事务评估实务：应用手册》的补充。该书不推崇在评估中采用某种单一的研究方法，而是提倡使用混合方法进行评估，并进行了详细的介绍。

《学生事务管理手册（第三版）》是一本综合性学生事务理论与实践指导手册，该书在美国出版后深受广大读者尤其是学生事务工作者的喜爱。美国高校学生事务经历了曲折的发展的历程，1937 年美国教育委员会颁发的《学生人事宣言》成为美国高校学生事务发展的基石和推动力量。《学生事务管理手册（第三版）》详尽介绍了美国高校学生事务如何朝专业化的方向发展的历程。美国高校类型众多，该书介绍了不同类型学校的使命和学校使命所决定的学生工作专业实践。学生的成长并不取决于学校的规模和资金，而取决于学生具有怎样的成长环境，学生事务专业人员需要为学生创建成长环境，该书对此进行了全面的介绍。问责是学生事务质量的重要保证，该书重点考察了学生事务对谁负责、为了什么而负责和问责包含哪些内容三个方面的问题，并详细讨论了学生事务需要问责的部分。理论指导实践，离开了理论指导的实践，是无序的实践；理论启发反思，没有理论帮助的反思，是无序的反思。该书介绍了社会心理学发展理论、认知发展理论、环境理论、类型学理论（人类聚集观点）以及其他与学生事务相关的理论在学生事务中的应用，并加以案例分析。

《一把尺子不能丈量所有学校（第二版）》一书告诉读者，学生事务工作对学生成长具有积极意义，有效的学生事务实践需要精心准备、组织和投入，否则就无法实现部门或学校目标。这一点给我们的启示是：不能只把学生事务工作当作事务性工作，要看到事务工作中隐含的教育价值和对学生成长的意义。世界上不存在固定的与任何大学都相匹配的学生事务方法，一把尺子不能丈量所有学校，必须根据不同的学校选择不同的方法。同时，传统的学生事务实践模式是有效的，但也存在一些不足，需要与时俱进创新方法。这两点给我们的启示是：有效的学生事务模式必须建立在反复实践的基础之上。该书还讨论了学术课程外、辅助课程、职能条块、学生服务、竞争对抗、无缝学习六种传统型模式，介绍了关怀伦理、学生导向、学生能动性、学术－学生事务合作、学术导向五种创新型模式，并对以行政为中心的传统型模式和以学生为中心的创新型模式进行了比较。该书反复阐述学生参与、投入教育性活动是学生成功的关键，并提出学生投入包括学生自身的投入和学校在学生投入中的投入，学校要为鼓励学生投入量身定制一些实践项目。

本丛书的翻译出版将弥补我国高校学生事务管理理论与实践方面专著的不足，我希望本丛书能对广大从事高校学生事务管理工作的辅导员提供借鉴和参考。

这套丛书由我担任主编，徐昌和教授担任副主编，程春松、李颖、杨洋、袁知乾、郑攀、华璠、束少军七位老师执笔主译。我非常感谢徐昌和教授和这七位老师，因为他们在翻译本丛书的同时，还承担着繁重的教学任务，并且教学质量丝毫没有受到影响。我也非常感谢高等教育出版社将这套译丛列为该社

"十三五"重大选题，这是对我们最大的鼓励，他们的支持和督促使丛书翻译工作达到了预期目标。

衢州学院党委书记
胡建新　教授
2018 年 2 月 17 日

第二版序言

在日常高等教育管理中，学生事务专家认为，不同类型的院校——小规模文科院校、研究型机构或者大型私立大学——需要不同的实践方法。尽管如此，绝大多数学生事务文献依旧强调“一刀切”的实践方法，极少注意学生事务实践的不同模式以及它们在院校中的多样性。在《一把尺子无法丈量所有学校》这本影响广泛的书的第二版中，知名学者凯思琳·曼宁（Kathleen Manning）、吉莉安·肯奇（Jillian Kinzie）及约翰·H. 舒（John H. Schuh）提出包括传统与创新方案在内的 11 种处理学生事务实践模式。本书基于定性和多院校的研究项目，探讨各种促进学生参与、成功及学习的政策、实践与方案。

《一把尺子无法丈量所有学校》第二版新增之处：

- 根据美国全国大学生参与度调查（National Survey of Student Engagement, NSSE）的最新数据及包括财政削减与经济危机在内的高等教育最近发展情况，精修并完善了实践模式；
- 为振兴学生事务部门的工作，更正所有关于模式评估与技巧的内容；
- 更为深入地分析了学生事务实践模式与院校目标、目的之间的关联；
- 各章结尾添设讨论题，以便指导在各种模式语境中思考整合该模式的方法；
- 新增第四部分“转变的诱因与工具”“重构你的学生事务部门”两章。

凯思琳·曼宁，美国佛蒙特大学高等教育及学生事务教授和项目协调者。

吉莉安·肯奇，美国印第安纳大学高等教育研究中心及全国大学生参与度调查机构副主任。

约翰·H. 舒，美国艾奥瓦州立大学教育学院主任及杰出教授。

目　录

第一部分

学生事务实践模式的理论及历史基础

第一章

导言：学生事务实践模式

我们认为，有效的学生事务实践需要一个精心挑选的组织、基础及教学结 3
构。缺少这一深思熟虑的选择，学生事务专业人员就无法实现其所在部门或机构的目标。如果学生事务部门没有清晰的意向结构，或其结构只是随意堆砌的话，它就难以发挥全部教育功能，也无法促进学生成功。将目标与形式及功能统一起来，学生事务部门就能更有效地确定目标及实现这些目标的最佳方式。换言之，如何建构学生事务部门及其实践，将对学生事务整体目标产生巨大影响。在学生事务部门及其所在院校语境内，实践模式的选择及对选择的审思将会影响决策的制定、项目的创建及政策的设置。

世上根本不存在一套与任何特定院校目标和管理方式相匹配的学生事务实践方法。与大型研究性院校相比，顶尖文科院校需要一套不同的方法来制定项目、管理环境和发展政策。在处理实践上，女子学院肯定需要一套与男女合校的综合性院校不同的发展方法。除院校类型与规模差异外，院校目标及其预期的教育产出也会影响学生事务实践模式的选择。譬如，以学习为中心的院型校 4
园或注重学生培养的院校目标就有不同的学生事务实践目的和方法。

《一把尺子无法丈量所有学校（第二版）》的目的是向读者介绍 11 种不同的模式。学生事务专家可依据这 11 种模式清楚地、有方法地及富有哲理性地组织实践。本书中的模式可分为两类：传统型与创新型（见表 1.1）。传统型模式包括三个子类型（课外型、管理型与学习型），创新型也可分为两个子类型（学生型与学术型）。

表 1.1　学生事务实践模式

传统型	创新型
课外型	学生型
学术课程外	关怀伦理

续表

传统型	创新型
辅助课程	学生导向
	学生能动性
管理型	学术型
职能条块	学术－学生事务合作
学生服务	学术导向
学习型	
竞争对抗	
无缝学习	

传统型模式（学术课程外、辅助课程、职能条块、学生服务、竞争对抗、无缝学习）反映了学生事务领域早期一些要务。这些模式的项目、服务与活动聚焦课外计划与工作，通常都由学生事务专家及与之共事的学生独立组织开展。一般而言，传统型模式都是以行政为中心，很少（如果有的话）关注学习与参与的目标。创新型模式（关怀伦理、学生导向、学生能动性、学术－学生事务合作、学术导向）关注以学生为中心、学生学习与参与及/或合作与协调学术要务。这些模式有四类来源：有效教育实践研究记录（Documenting Effecive Educational Practice, DEEP）项目、院校实地访察及向学生事务部门咨询、
5 查阅学生事务文献和本书作者的经验与观察。这些模式的生成与本书的构思，直接源于本书作者在有效教育实践研究记录项目中对 20 家教育功效显著的院校所做的大量实地访查。让我们吃惊的是，这些院校的学生事务实践模式种类之繁多大大超乎我们的认知。对此所做的反思与分析表明，学生事务文献并没有穷尽投入使用中的模式，尤其是那些与高层次学生学习和成功相关的模式。

通过确定每一类型与子类型的行动中心，这些模式就能被“阅读”或理解。换言之，谁或什么居于这些模式行为的中心——学生、管理者、学习还是学术？谁或什么才是模式中项目、服务、政策及管理考虑的重点？学生事务与其他学校部门，尤其是教师、学术事务或包括支持学习的服务和图书馆在内的其他部门的关系是什么？是否强调学生与学术事务之间的合作，或者在模式核心中有无其他的功能或群体？我们认为，由于学生事务功能没有一个完美的管理方法，因此，确定每个模式的活动重点及动力十分重要。

“单一”与“混杂”模式形式

就本书而言，我们将每一种模式都清晰地、分门别类地呈现出来。然而，

有必要指出，学生事务专家可能会很快发现，没有哪一所院校是“单一”地使用这些模式中的二种。相比于实际考察中的发现，为了定义与理解学生事务实践模式的不同方法，我们会更为清楚地描述这些模式。这样，我们就可以描述它们的特性、讨论其优缺点和检测其潜力。学生事务实践一般都由两种或三种模式混杂或组合而成，但也有特例。通过整合不同方法的理念来混搭与匹配这些模式，学生事务专家获得了富有创造性和灵活性的实践。不管该模式是“单 6
一”还是“混杂”，学生事务实践中“一刀切”的方法不适合所有情况。我们认为，学生事务部门中，各办公室因工作性质不同会采用不同的模式。例如，注册登记办公室可能需要学生服务方法，而国际项目办公室则采用学术－学生事务合作法，尽管两个办公室可能同处一个整体上受学习型模式指导的学生事务部门。院校类型、目标及其他条件（包括学校领导班子、历史结构、财务模式及高级学生事务管理者的品性与管理风格）都会极大地影响学生事务部门对模式的择用。

在对学生事务实践模式的研究中，经常有人就院校的人数、类型及规模来询问我们使用何种模式。本书中的模式是描述而非规定那些我们在特定院校中发现的模式。这些模式以何种方式及在何地能发挥最佳效果，可从模式的来源（即有效教育实践研究记录项目、实地访查及咨询、查阅学生事务文献和本书作者的经验与观察）中得到启发。针对每一种模式，我们都列出其可能的适用院校类型，但对于具体院校目标来说，最佳的选择还是就其自身情况而定。本书文后附有“学生事务实践模式清单”，各院校可以借此评估当前使用的学生事务实践模式。这份清单可为模式的更替提供指导（见本书附录 B）。

高等教育与学生事务从业人员如何应用学生事务实践模式

从本书第一版的使用反馈中，我们获悉传统型与创新型学生事务实践模式在高等教育中的应用情况。它们已经被用于以下情况中。

- 理解学生事务部门的组织结构，包括以此作为框架有策略地进行
规划、员工培训与部门内职业发展谋划。（Kuk, 2009; Kuk & Banning, 7
2009; Tull & Freeman, 2008）组织理论家已经指出，如果不懂“学校如何运转”（Birnbaum, 1991）的话，包括学生事务从业人员在内的高等教育管理者就不能实现其目标。通过提供建构理论与从事实践的框架，这些模式帮助学生事务从业人员理解部门和院校的运行。
- 在院校目标语境中定位学生事务部门。贯穿本书始末及学生事务

文献中常被提及的一个主题便是学生事务与院校目标之间协同的重要性。学生事务部门要想有效运行，就必须符合所在院校的目标（Kuh, Schuh, Whitt, & Associates, 1991; Kuh, Kinzie, Schuh, Whitt, & Associates, 2005/2010; Schuh, 1999; Whitt 等 , 2008）。

● *创造条件以加深包括新生生活、领导力项目和学生就业等校园计划的教育影响*（Guthrie & Osteen, 2013; Osteen & Coburn, 2012; Perozzi, 2009）。作为一个由众多功能与服务构成的跨学科领域，学生事务需要一些组织实践的原则。这些原则可能包括：以学生为中心、投入、学习、参与、学生发展、学术优先以及服务支持等。不管选择什么模式，都应当深思熟虑，在进行项目筛选、政策决议、环境管理和服务实施选择时，部门都应在理论与实践中对它有所关照。

● *改进学术与学生事务之间的合作——高等教育的当务之急*（Cook & Lewis, 2007; Jessup-Anger, Wawrzynski, & Yao, 2011; Kezar, 2003a, 2003b; Whitt, 2011）。当下有关学生成功、学习、在学和参与的模式显示出学术与学生事务间合作的重要性。我们会在本书中讨论一些提
8 高学生成功、学习和参与的合作方式。相应地，我们也会讨论在学生－学术事务合作模式中由于竞争而带来的一些常见负面效果。

● *理解高校内的变革得以发生的方式，包括领导层的作用*（Kuh, Kinzie, Schuh, Whitt, & Associates, 2005/2010; Kuk, Banning, & Amey, 2010）。如果学生事务从业人员未弄清学校改革机制，那么，影响学生成功和学习的潜力就会受到限制。高等院校是动态机构，总处于快速变动且常常不稳定的环境中（Manning, 2013）。当学生事务从业人员完全了解其所处的更高一级的组织与环境时，他们就能创造出新颖的方法来影响改革。

● *重组和改革学生事务部门以更好地实现学生学习和参与目标*（Kuh, 2009; Reason & Kimball, 2012; Seifert, Arnold, Burrow, & Brown, 2011; Smith & Director, 2006; Sullivan, 2010; Wawrzynski, Heck, & Remeley, 2012）。随着时间推移，学生事务部门正如任何其他事物一样也会变得“陈腐”。在解决当下学生及院校要务时，过去的成功项目可能就不起作用了。为使部门运作更加有效，高等教育人士已使用本书中的模式对其部门进行重组和改革。这些重构活动包括国际语境下的学生事务部门。本书中，我们敦促学生事务从业人员：（1）考量部门的理想目标；（2）将这些目标与学校的使命相协调或以学校的使命为指导；

（3）根据部门和学校目标选择模式。

● *确定学生事务项目、功能及服务在学校框架中的位置*（Franklin, 2009; Marine, 2011; McCoy, 2011）。不管是讨论多元文化学生服务、
娱乐项目、变性学生服务，还是学生事务部门内部任何项目和服务，都能 9
发现许多关于报告制度和组织结构的选择。在组织各院系和各部门为学生提供有效学习机会和服务上，学生事务实践的传统与创新模式能提供合理的方法。

● *提供评估学生学习的框架*（Schuh, 2007; Schuh & Gansemer-Topf, 2010）。在评估与问责期间，学生事务部门与其他部门一样都必须证明自己的服务、项目和倡议能为学生学习带来价值。成功的学生事务部门采用一套反思的且以改善为导向的评估方式。缺少关于项目、服务、政策以及倡议的有效性数据，学生事务从业人员就无法知道自己的努力是否达到预期效果。以理论与实践为基础的学生事务实践结构或模式的存在有助于评估工作的开展。

● *将不同类型院校内可行的学生事务组织与管理模式传授给研究生和刚开始从事学生事务工作的新人*（Torres, 2007）。新人可能不具备必要的经验和知识，因而难以理解学生事务实践方式的多样性。在考虑完成学生事务实践方法时，这些模式提供概念上的帮助。对新人而言，掌握不同的学生事务实践模式知识意味着开启通过现有方法和新方法实现学生事务以及院校目标的可能性。这些模式也提供工具来测评研究生和新人的性情，以及探索让其才能与兴趣得到最大化发挥的模式。

为什么本书对学生事务实践至关重要

过去20年里，学生事务已经变得越来越重要。与之前任何阶段相比，当下学生事务理论与实践的文献更加全面，学生事务的角色定位更为清晰，学生
事务的操作方法愈加成熟。本书描述的众多学生事务方法既反映该领域的显著 10
发展，又证明学生事务实践正变得成熟完善。

尽管基于实践的文献数量日益增多，但学生事务中的某些领域仍是一片不毛之地。有些人认为，理论或概念模式用途不大。不幸的是，那种以为只凭“心智健全”或常识性知识就能有效开展学生事务实践的想法依旧存在。正如教育的其他领域一样，圈内人和圈外人都相信，是工作态度而非专业理论知识指导学生事务高质量地开展。我们认为，学生事务领域中的研究与职业发展将继续认为此“常识性方法”不可用。虽然在一些院校十分管用，但总体而言，

学生事务实践的传统模式含有常识性方法的遗风，并且在很多方面都已是“明日黄花”。与之相反，创新模式采用最新的理论与研究，从而能确保学生事务实践的有效展开。

受众

我们建议以下几类受众阅读本书：正寻求转变或更新其部门的高级学生事务管理者，攻读高等教育及学生事务管理方向硕士学位和博士学位的研究生，优化整合学术和学生事务的机构领导（例如校长和院长），从事规划、职业发展与认证者，以及为评估学生事务寻求框架者。虽然每一位受众的目标各异，但他们都能从本书的讨论中获得启发。高级学生事务管理者能找到灵感和新颖的方法解决那些长期存在的问题。研究生会更好地理解组织机构与包括学习目标在内的教育目标之间的关系。领导者，尤其是那些在学生事务领域经验不足
11 或为零的，更能懂得学生事务中的轻重缓急、学生事务专家面临的挑战以及教育目标实现的途径。

本书框架

本书分为四个部分：导言、探讨传统模式、描述创新模式、讨论变革组织的方法。在第一部分“学生事务实践模式的理论及历史基础”中，第一章介绍本书框架，并概述在第一版中已被许多学生事务专家使用过的学生事务实践模式。第二章着重在全美大学生参与度调查语境下介绍学生参与和成功的概念。在提升高校学生学习质量及学生事务所发挥的作用中，学生参与的重要性不言而喻。第三章概述学生事务的历史并将该历史置于高等教育的组织语境中。第二部分为“传统型学生事务实践模式”，涵盖第四章到第六章。这三章探讨学生事务从业人员最为熟知的几种传统模式。以往的学生事务文献都探讨过这些方法，尽管它们很少被视为基于实践的实践模式。相反，它们只是被当作管理学生事务的一种方法而加以讨论。第四章概述传统模式中的学术课程外与辅助课程模式。第五章论及管理型模式下的职能条块与学生服务。该章中的模式在实践中以管理为核心。第六章讨论以学习为中心的传统模式。第三部分“创新型学生事务实践模式”向读者展示几种从有效教育实践研究记录项目衍生出的学生事务模式。一些致力于提高学生参与和成功的学生事务工作者可能对其中的一些模式感到熟悉。虽然有些创新模式早已存在于某些高校中，但在第一版出版之前，它们在该领域中很少被清楚地描述。如果有的话，那它们也会被视
12 为“例外情况”。第七章涵盖以下几种学生型模式：关怀伦理、学生导向以及

学生能动性。在总结创新模式之后，第八章又展示了两种学术型创新模式，即学术－学生事务合作和学术导向。本书最后一部分为“变革你的学生事务部门”，包括第九章和第十章。这两章是第二版的新增部分，主要讨论组织变化以及重组与改革学生事务部门的方法。这两章的目的不在于确立规范，相反，在于分享在对学生事务部门改革过程中出现的机遇与挑战的认知。纵观全书，一个贯穿始终的主题是提高学生参与和成功的方法。最后，通过每章后面的讨论题，读者可根据自己的想法整合这些模式。

第二版新增之处

第二版对第一版中的内容做了以下几处增补。

1. 本书第二版收录了在学生参与、成功和组织理论上与学生事务相关的新研究成果。

2. 强调转向创新型模式。第九章：改变的诱因与工具涵盖了学生部门转变实践的多种技巧。变革组织的模式在高等教育管理和学生事务的语境内展开。为方便学生事务专家转变其部门模式，我们会以通俗易懂的方式展示案例及切实可行的建议。

3. 第十章：重构你的学生事务部门，列出多种重组学生部门的方式。在重组部门 13
以提高学生参与和成功方面，该章也给出一些建议。

4. 第二版内容强化之处在于收录了第一版出版后的全美大学生参与度调查的数据。这些章节将会讨论学生参与、评估以及有策略地规划教育意义丰富的活动这三个概念之间的关联。

5. 通过机构咨询、会议报告以及其他渠道获得的关于学生事务实践的真知灼见也被收录进第二版。

结　论

作为从事高等教育管理工作的专业人士，在我们的大部分职业生涯中，我们坚信学生事务之于学生成功的重要性。这里的成功并不仅仅指顺利毕业。我们知道，学生事务从业人员与大学生的个人及职业成功有着密切的关系。大学是一段充满无限成长与发展潜能的时光。在院校类型、任务与目标的语境下，我们提出这些模式组织学生事务，以期为鼓励此种成长提供一种有效途径。

第二章

学生参与和成功：与学生事务模式及实践的关系

15 对高校学生成功一事的关注依旧有增无减。立法机关、评估委员会以及公众都在盯着高校毕业率，质问由种族和收入导致的毕业差异，直言要求改善大学的方方面面，并敦促在学生学习产出上建立更全面的问责制。20 世纪 80 年代中期以来，随着《危机中的国家》（*A Nation at Risk*）［优化教育全国委员会（National Commission on Excellence in Education），1983］及其对应的高等教育版《投入学习》（*Involvement in Learning*）［美国高等教育中优秀条件研究小组（Study Group on the Conditions of Excellence in American Higher Education），1984］等数个有影响报告的陆续出现，要求展现学生学习和院校效能的呼声逐年稳步增高。

近来，高校毕业率问题一再受到关注，并被视为评估院校效能与学生成功的决定性因素。2006 年，美国教育部秘书斯佩林斯（Spellings）将提高毕业率写入全国高等教育委员会议程之中，而随后 2008 年的《高等教育机会法案》（*Higher Education Opportunity Act*）则呼吁向公众更大范围地公开毕业率。奥巴马政府还制定了一个目标，即到 2020 年美国一直保持世界上最高的大学毕业率。此外，由于立法机关在财政上刺激高校提高毕业率，许多立法机构已经积极主动地监控与提高院校毕业率，提高毕业率的压力又进一步加大。库克
16 （Cook）和普拉罗（Pullaro）（2010）认为，毕业率越来越被视为衡量学生和院校成功的标准。

事实上，接近半数的美国大学生在六年内无法取得学位，这表明提高学生成功任重而道远（Tinto, 2012）。提高毕业率已使院校广泛注意到教育质量问题，尤其是与学生在学率（student retention）及成功的相关活动。除面临大学

毕业率的压力外，高等教育还饱受其他方面的诟病，如未能适当地使学生与 21 世纪经济发展需求接轨、未能将公民教育和民主参与纳入大学教育之中、学校未能为学生学习做贡献［Arum & Roksa, 2011; 美国高校联盟（Association of American Colleges and Universities, AAC&U），2007, 2012］。在更大范围内丰富学生经历和提供成功机会，院校在这些压力下越来越关注学生学习与成功的因素，以及更加频繁地组织学生项目。

学生参与、学习与成功之间的关联

一项深入研究表明，学生在校的成功已成为当下的焦点。数个流传度极广的出版物对与学生成功和院校高效运作有关的核心概念进行了界定，其中包括“优质大学生教育实践的七项原则”（Chickering & Gamson, 1987）以及国家教育委员会出版的《将质量纳入本科生教育》（*Making Quality Count in Undergraduate Eduacation*, Romer, 1995）。该书更为详细地阐述了有关因素与条件。这些出版物明确指出，高等院校有责任促进学生学习。库、肯齐、舒、惠特及其他合著者（Kuh, Kinzie, Schuh, Whitt, & Associates）（2005/2010）认为：“教育功效好的院校即附加价值的院校致力于使学生高水平地参与一些合适的活动。”（第 9 页）这些论著始终都在传达一个信息，即帮助学生成功应是 17
高等院校的首要目标。广义而言，学生在校的成功包括：学术成功、参与教育性活动、满足感、获取想要的知识、技能与能力、坚韧的精神、完成学业和毕业后的表现。

学生事务部门也发出过类似的呼声，主张将学习定为大学生的首要目标。1996 年美国高校人事协会（American College Personnel Association, ACPA）出版的《学生学习是当务之急》（*Student Learning Imperatives*）中叙述了一股改革浪潮，其焦点在于将全体学生的学习视为院校的首要学术目标。其他的报告，如《居住关系》（*The Residential Nexus*）［高校住房管理人员协会国际生住宿学院工作小组（Association of College and University Housing Officers International Residential College Task Force），1996］指出，学生的学习产出影响高校住房的行政管理与项目模式。《强力伙伴关系：一起为学习负责》（*Powerful Parternships: A Shared Responsibility for Learing*）［美国高等教育协会（American Association of Higher Education, AAHE），美国高校人事协会（ACPA），和全国学生人事管理者协会（National Association of Student Personnel Administrators, NASPA），1998］概述了几种可能的学生合作学习原则。《重思学习》（*Learning*

Reconsidered, ACPA & NASPA, 2004）呼吁整合全部教育资源以教育与训练全体学生。一些从本源上进行探究的论著（Robert, 2012）继续把学生事务工作人员称为教育者，并从学生利益的角度强调与其他教育者合作的重要性。

这些论著都响彻着一种呼声，为提升高校学生学习质量而采取特别行动与合作。它们共同指向以下几种对学生成功有重要作用的院校条件：（1）清晰且重点突出的院校目标；（2）学生行为的高标准；（3）支持学生发现人性差异及形成多元化自我；（4）重点观照大学第一年；（5）尊重差异；（6）整合入学前的学习与经历；（7）持续使用已学会的技能；（8）以学习为中心的教育；（9）积极学习；（10）整合顶峰体验；（11）评估与反馈；（12）学生与学术事务间的合作以及学生间的合作；（13）保证任务质量的有效时间；（14）与教师的课外联系。大部分实践都被全美院校不同程度地加以应用。例如，大多数院校将资源用于新生。其他院校则建立学习社区，尤其是在城区校园和不提供住宿的校
18 园，这就有效地连接了学生及师生之间的关系。服务性学习以及某种形式多样的社区参与在大学生的生活中已经变得尤为显著。这些大学项目和实践提高了学生的参与度（学生在时间和精力上投入教育性活动），并促进院校效能提升，最终为学生带来成功。

学生参与教育性活动是学生成功的关键部分。研究表明，学生在学校里做什么以及投入活动的程度会影响学习、个人发展、坚持与成功［Kuh, 2001a, 2003; McCormick, Kinzie, & Gonyea, 2013; National Survey of Student Engagement（NSSE）, 2002］。因此，那些将实践与政策致力于学生参与的院校使学生更容易获得更高层次的成功（Kuh, Kinzie, Shcuh, Whitt, & Associates, 2005/2010）。此外，如果把这些实践联系起来并加以整合，就会取得更好的效果。

尽管我们对什么是教育参与和有效的实践有一定的认识，但从学生参与和成功的角度将这种观点扩展到对学生事务的认识是很有帮助的。以学生成功为导向的学生事务模式的特点是什么？有最佳的模式吗？本章分三个部分探析以研究为基础的学生事务实践模式。第一部分，概述学生的成功框架，该框架确定此项工作并界定学生参与的重要部分。第二部分，厘清学生参与、成功和学生事务模式三者间的联系。第三部分，介绍提供数据及引发对学生事务实践模式深思的研究。本章最后解读对教育效能高的院校中的学生事务实践进行解读。

学生参与的概念

学生参与是沟通学生成功与院校效能之间的桥梁。关于院校对学生的影

响的研究表明，学生在教育性活动上投入的时间与精力是其学习与个人发展 19
的重要预测器（Astin, 1993; Pace, 1980; Pascarella & Terenzini, 1991, 2005）。简言之，相较于他们自身，甚至院校本身，学生在学校的所作所为对其所学及能否毕业有更大的影响（Kuh, 2001b, 2003; NSSE, 2002, 2003a）。帕斯卡雷拉（Pascarella）和特伦兹尼（Terenzini）（2005）重申，学校的影响首先是由学生在主修课程和辅修课程上投入的努力与投入度决定的。尽管学生应为其高中毕业后的教育所得负责，因为在学习中他们必须积极主动且要具备反思能力，但学校也应当承担责任，教育和引导学生参加对学生的自身发展及学习有帮助的活动。事实上，每所学校的精神、政策和项目都极其重要。帕斯卡雷拉和特伦兹尼（2005）认为，院校影响巨大：“由于个人努力或参与对院校影响有着重要的决定性作用，因此，关注院校为鼓励学生投入而量身制作的学术、人际以及课外课程尤为重要。”（p.602）

根据库（2001b）的研究，学生参与的概念源于佩斯（Pace）的质量评估（1982）以及阿斯廷（Astin）的参与理论（1985）。学生参与包括两个关键部分。第一部分是学生在学习和活动上投入的时间及努力，而这些又带来构成其成功的经验和产出。第二部分是高等教育机构如何分配人力和其他资源，以及如何创造学习机会与组织服务，以鼓舞学生参与活动并从中获益。由于高校对促进学生成功的院校条件与实践有直接影响，因而，学生参与的第二部分反映了院校的影响程度。

学生参与同高等教育想要达到的过程和结果有关。例如，高层次的学生参与涉及很多教育实践和条件，包括有目的的师生交流和积极活跃的合作学
习等。当院校环境被学生视为积极有益以及行为期待能清楚地阐明且设置合 20
理的高标准时，学生参与才会发生（Astin, 1991; Chickering & Gamson, 1987; Chickering & Reisser, 1993; Kuh, 2003; Kuh, Schuh, Whitt, & Associates, 1991; McCormick, Kinzie, & Gonyea, 2013; Pascarella & Terenzini, 1991, 2005）。这些以及其他因素和条件都与学生的满意度、学习、发展、坚持、教育所得有关联（Astin, 1984, 1985, 1993; Bruffee, 1993; Goodsell, Maher, & Tinto, 1992; Johnson, Johnson, & Smith, 1991; McKeachie, Pintrich, Lin, & Smith, 1986; Pascarella & Terenzini, 1991, 2005; Pike, 1993; Sorcinelli, 1991）。最近，在总结不同学生需求的研究和实践时，哈珀（Harper）和奎伊（Quaye）揭示了参与中一些令人不安的趋势。他们为那些愿意为全体学生参与负责的院校提供了切实可行的指导，其最为突出的观点是强调两种责任的重要性：一是教师、员工和管理者之于学生参与，二是处理不同学生需求。

全国大学生参与度调查

2000 年，随着全国大学生参与度调查的开展，学生参与被视为一项干预研究，用以提高大学教育质量（McCormick, Kinzie, & Gonyea, 2013）。全国大学生参与度调查提供以下两种评估：（1）学生投入高质量教育实践的程度；（2）学生从大学实践中获得了多少（Kub, 2001b）。该调查广泛地记录了大学生教育中各种质量标准。对学生参与的考量与教育所得、成绩、在学、满意度和毕业率有着相辅相成的关系（Hu & Kub, 2002; Kuh, 2003, 2008; Pascarella & Terenzini, 2005）。这些发现展示了提高学生参与将会获得的前景。此外，学生参与的数
21 据能帮助参与调查的院校管理者和教师理解与促进学生的校园成功，也能使其他人员从这项全国性研究项目中得到启发。在大学生生活中，院校在何处能影响改变以及在何种程度上影响学生参与有效教育实践，这项调查的结果都对此有所指涉（NSSE, 2003a, 2004a, 2012）。这一点能帮助教师、员工、管理者、学生以及其他人确定取得高水平预期成果的任务和活动。除调查数据的实用价值外，全国大学生参与度调查还将大学教育中关于有效实践、学生参与及大学生教育质量引入高等教育中（Kuh, 2003; McCormick, Kinzie, & Gonyea, 2013）。

尽管大多数高校都声称为学生提供高质量的学习环境，但只有少数被证实确实对学生的学习起到了直接作用（Kuh, 2001a; Miller & Ewell, 2005）。相反，很多院校把丰富教育机会（如荣誉课程、课外领导能力培养计划和教师合作研究）视为高质量学习的表现。然而，许多实践仅限于少数学生。事实上，这些实践让大多数人与同龄人和教育者疏远了，并排除在参与学习提升活动之外（Kuh, Kinzie, Schuh, Whitt, & Associates, 2005/2010; Kuh, 2008）。结果，学生可能无法从学习中获取有意义的东西，且很有可能辍学。为此，院校要更有意识地鼓励学生参加教育目的强的活动。

学生成功与学生事务

学生参与是学生成功的重要前提。广义而言，学生成功包括在学率、毕业和教育成就（Kuh, Kinzie, Schuh, Whitt, & Associates, 2005/2010; Kuh, Kinzie, Buckley, Bridges, & Hayek, 2007）。那些成功的学生以喜欢的方式坚持参加学校活动并从中受益，因此，他们对学校感到满意并圆满完成学业。尽管政策制定者或立法者可能将学生成功更为精准地定义为四年中获得学位的学生数百分比，但其他的教育者和研究者则理解为学生在批判性思考、有效推理、解决问

题、运用知识、探究、质疑学习及领导力方面取得的程度。虽然关于学生成功 22
的定义各异，但它们都将学生成功建构于学生参加教育目的强的活动之上。

以学生为中心的学习型范式的特点是将教育成果与学习产出视为学生成功的决定性因素。塔格（Tagg）认为，作为院校目标之一的学习范式是为了创造学习条件，而非下达指示（2003）。此种学习范式关注的是学生及其学习技能的输出质量而非输入质量。在这种框架下，学生成功将会导致院校注重培养学生的个人才能。

长久以来，学生成长与发展都是学生事务的目标之一。《良好的学生事务实践》（*Good Practice for Student Affairs*, ACPA & NASPA, 1997/1999）将个人的全面发展视为学生事务的中心责任，本书第三章将会论及此事。这一价值理念与个体差异、终身学习、公民教育、教育评估和教学多元化相配套。此外，《学生学习是当务之急》（ACPA, 1996）指出，为促进学生学习，学生事务工作人员在课内外与学术事务工作人员进行合作的重要性。这些学生事务原则不仅符合当下教育趋势，如学习范式，而且与将学生成功理解为提升学生学习与发展的看法一致。在学生成功这一视角建构的语境内，学生事务发挥其教育作用与影响。

学生事务在坚持中的作用

学生事务通常都会重视坚持——这是学生成功的先决与重要因素。事实上，几十年来，许多院校都将学生在学率项目与其他学生成功计划委派给学生事务工作人员（Tinto, 1996, 2012）。包括迎新活动、发展性课程、学生宿舍的增强计划在内的大部分项目都由学生事务工作人员设定与执行，且与学术活动不兼
容。如果不考虑学校其他部门在学生坚持与成功上的责任，这套实践方案是有 23
问题的。然而，大部分院校的学生事务工作人员都能很好地构建校园环境，以保证学生能实现其课外学术与社会需求，并且为满足这些需求提供计划与服务。例如，新生迎新与秋季迎新周活动给新生提供一些适应新生活的技能。朋辈导师、小组学习及导师项目促进互助学习。当完全通过与学术事务和院校的其他支持架构合作完成时，坚持的效果就会更加显著。

尽管包括学生宿舍计划、学生活动和迎新活动在内的许多项目及其他倡议早已成为学生事务的一部分，然而，新近的项目对学生坚持也发挥作用，并且它们已经全部或部分地分派给了学生事务部门。这些学生活动的大部分都可见于有效教育实践研究记录项目院校。稍后本章将会对这些活动加以描述。这些学生活动包括学习社区、学习和志愿者服务、海外学习、领导力培养、大学生

研究机会、多样化计划、导师计划和顶峰体验。假设越来越多的高校开展这些活动，而且已开展这些活动的高校会拓展它们，那么，院校领导者面临的挑战之一便是如何组织它们以最大化地影响大多数学生。如何组织，这可从有效教育实践研究记录项目院校中汲取经验。

学生事务关注学生成功与坚持，这与学生事务的传统任务一致。该领域的基础部分强调关心学生，包括提升学生发展与学习、习得领导力技能、尊重多样性与关注在学率。当学生事务涉及与学术事务合作、提高学生学习产出、确定学生事务对教育任务的贡献的相关领域时，许多人要求改革学生事务，尽管
24 它在学生坚持中发挥直接作用。这些改革措施表明，学生事务实践在促进学生成功、坚持与毕业方面可以做得更好。

学生参与和成功：一个探索学生事务模式的框架

接下来的部分探讨学生事务、学生参与及成功三者间的关系。这些概念构成了本书讨论的学术事务模式的实践基础。我们对学生事务模式的兴趣及检测都源于有效教育实践研究记录项目（见本书第一章）。有效教育实践研究记录项目为期 18 个月，目的在于研究 20 所不同院校的成功教育实践。这些院校都有比预计要高的学生投入分数（由全国大学生参与度调查测量而得），并且其毕业率也比预期的要高（见本书附录 A 的方法说明）。研究结果以及所使用的研究方法可参见《高校学生成功：创造有用的条件》（*Student Success in College: Creating Conditions That Matter*）（Kuh, Kinzie, Schuh, Whitt, & Associates, 2005/2010）。有效教育实践研究记录项目 5 年后，即 2010 年，他们又做了一项精简的跟踪研究（Kuh, Kinzie, Schuh, & Whitt, 2011）。

具体而言，从学生成功的框架角度来考量学生事务实践源于一种期待，即教育效果好的院校肯定有一套与众不同的方法。事实上，一个简单的问题引发了我们的检查：从事教育的院校中是否有一套完美的学生事务实践模式？下列问题进一步拓宽了我们对学生事务实践的探究。

1. 在学生参与度高的院校，学生事务是怎样开展的？
2. 学生事务在学生成功，尤其是想取得比预期要高的毕业率方面，发挥何种作用？
3. 在很好地促进学生成功的院校中，学生事务实践有哪些共同点？
4. 采用一些非常不同的方法处理学生事务时，是否能在促进学生成功方面达到相同的效果？

5. 这些方法与已有的学生事务模式有何不同之处？

尽管有效教育实践研究记录不是专门针对学生事务的研究项目，但在访查 25
机构、实地考察与采访调查对象中，我们开始注意并仔细考察这些机构处理学生事务的方法。事实上，有几个组员已经将有效教育实践研究记录项目院校中学生事务部门的独特性加以理论化阐释了。在数据收集与分析过程中，我们发现了学生事务的特点与趋势，这为另外的观察提供依据。为达此目的，我们重新考量了有效教育实践研究记录数据与项目发现，着眼于教育效果好且比预期投入度和毕业率高的院校，致力于发展与丰富对这种院校中学生事务的理解。

有效教育实践研究记录项目研究

由于有效教育实践研究记录项目是对本书中描述的学生事务实践模式的检验标准，因此有必要简单地介绍下该项目。尽管很多研究都显示学生投入和有效教育实践的重要性，但许多院校很少有意创造条件促进学生成功。有效教育实践研究记录项目研究正是源于此种焦虑。此外，不少学校缺乏将关于学生活动付诸行动的信息与提高学术项目和学生支持服务连接起来的有效机制。然而，在以学生成功为导向的学习文化创建方面，有些院校很明显要比其他院校做得好。该项目的研究方法受营利部门一项久负盛名的实践的影响：研究运转良好的组织及适应最有效的实践。从效能卓著的组织中可以获得一些宝贵的经验。这一原则对高等教育有用，因为大学生教育中起作用的信息对所有院校都有用，能帮助改善促进学生成功的条件。一言以蔽之，该项目发现并以有力的
学生成功记录描述院校政策和实践。它还记录与分享提高大学生活动质量的实 26
践（见本书附录 A 的采样过程）。在卢米纳教育基金会（Lumina Foundation for Education）、瓦贝希学院（Wabash College）的文科咨询中心及前称为美国高等教育协会的高等教育成员组织的资助下，有效教育实践研究记录项目于 2002 年启动。该项目的发现使其研究者对高等教育产生浓厚兴趣。2010 年，研究者们有意观测哪些条件对学生成功依旧有效及是否有新的条件。5 年后对这些院校所做的跟踪研究表明，这些成功条件依旧发挥作用，并且一些实践如持续关注学生学习和不断追求完善的精神等对保持实践的有效运行至关重要（Kuh, Kinzie, Schuh & Whitt, 2011）。自首轮研究以来，所有院校都维持着高参与度，一半院校的在学率与毕业率都得到提高。更为重要的是，一个关键发现是在学生与学术事务之间发展增强型合作关系对促进学生成功有着重要的作用。在建

立伙伴关系解决学生坚持问题、与学术事务合作以更有效地应对学生学习需求、增加学生和学术事务共同参与院校关于教育效能学习与有效性的决议机会方面，合作的价值比初访时得到更大发挥。

达到高于预期的参与度和毕业率，意味着比超越学生入学时的特性更有意义。具体而言，这些院校中的学生比其他院校的学生更善于利用教育机会（Kuh, Kinzie, Schuh, Whitt, & Associates, 2005/2010）。尽管这些院校因其学生的努力而表现良好，但有必要注意《高校学生成功：创造有用的条件》（Kuh, Kinzie, Schuh, Whitt, & Associates, 2005/2010）中的告诫。在参加 2003 年全国大学生参与度调查的 700 余所四年制的院校中，有效教育实践研究记录项目院校并不是“最佳的”或“教育效能最好的”（有效教育实践研究记录项目中包含院校潜在样本）。但是，它们的表现引人注目，它们提供了许多适用于其他院校的实践案例。

《高校学生成功：创造有用的条件》（Kuh, Kinzie, Schuh, Whitt, & Associates,
27 2005/2010）提供了大量关于该项目中对学生成功有用的具体实践与文化特征的例证。这些院校的大多数实践都是创新且具有本土特色的理念。缅因大学法明顿分校（University of Maine at Farmington）的学生工作项目投资校园兼职，这样其首批学生就能一边上学读书，一边与校园中教师、同龄人及职工建立有意义的联系。朗沃德大学（Longwood University）的宿管助理接受培训，以便向新生介绍院校的教育目标及在宿舍提供朋辈导师咨询与学术支持。得克萨斯大学埃尔帕索分校（University of Texas at El Paso）建立的学习社区促进了同龄学生尤其是非住校生之间的交流。这些实践都是针对院校环境与学生需求精心设计的。

尽管有效教育实践研究记录项目中的许多学校都发展出一套独一无二的促进学生成功的方案，但对大多数院校来说，好消息是该项目中许多成功方案在很多院校都以某种形式存在。例如，在第一年学期计划、朋辈导师计划、学生与学术合作计划、大学生研究计划与学习社区方面，该项目中的学校都取得了巨大成功。然而，使有效教育实践研究记录项目中的学校脱颖而出的是其计划的范围与质量、学生接触教育活动的程度、实践间彼此整合与联系的程度。

除记录之前描述的具体教育方案与实践外，有效教育实践研究记录项目研究小组还界定了这些院校共有的六种相互交错的条件与特性。六个教育效能的条件（见表 2.1）彼此依存且互为补充，共同促进学生成功。这六个条件的价值在 2010 年的跟踪研究中得到再次肯定（Kuh, Kinzie, Schuh & Whitt, 2011）。

表 2.1　六个关于学生成功的条件 28

1. “现行”目标与“以往”教育哲学
2. 持续关注学生学习
3. 调整环境以丰富教育活动
4. 为学生成功清除障碍
5. 改良精神
6. 为教育质量与学生成功共同负责

来源：库、肯齐、舒、惠特及其他合著者（Kuh, Kinzie, Schuh, Whitt, & Associates）（2005/2010）

这些条件中，一些条件的重要性是一眼就能看到的。例如，有效教育实践研究记录项目中学校“持续关注学生学习”，这是情理之中的事。学生学习是每个人校园日常活动的中心所在。迈阿密大学（Miami University）的学生事务工作人员与学术事务管理者密切合作，以确保在学生的生活与学习社区里有大量的教育拓展机会。这六个与有效教育实践搭配的条件与特性显示了学生成功实践维度的广泛性。适当改编的话，这些条件能使院校创造与维持支持学生成功的文化。

有效教育实践的细化能协助教育政策制定者、院校管理者及教职工提高学生成功的条件。然而，在反思有效教育实践研究记录项目发现时，我们认为：它们可作为当下学生事务实践的重要原则。实际上，我们早在项目研究阶段就注意到此种情况，因为该项目中 20 所学校都有独一无二且不同寻常的处理学生事务的方法。本书立足于学生参与和成功的视角，从有效教育实践研究记录项目的丰富数据与发现中，思索与概述学生事务实践的创新模式。

教育效能好的学生事务实践与模式

在接下来的几章中，本书将详细阐述实现学生参与和成功的学生事务学术课程外方法。我们对教育效能好的学生事务实践模式的思索始于六种源自学生事务文献中的传统模式：学术课程外、辅助课程、职能条块、学生服务、竞争对抗、无缝学习。接着我们将介绍五种源于有效教育实践研究记录项目研究中的创新模式：关怀伦理、学生导向、学生能动性、学术－学生事务合作、学 29
术导向。除有效教育实践研究记录项目发现与学生事务文献外，这些模式也基于我们在指导学生事务准备项目、研究高等教育与从事学生事务中获得的综合经验。

我们从有效教育实践研究记录项目中获得启示，并将之在本书中展现出来：学生事务的践行方法是多维化的。事实上，我们希望本书能开启探究大量潜在学生事务实践模式的对话。更为重要的是，从该项目中，我们得知，学生事务在这些院校中的性质与任务是极力满足学生需求、适应校园文化与任务及聚焦学生学习。完美的学生事务实践的组织模式根本不存在。然而，仔细考量校园文化、努力工作、深思熟虑及清楚地认识到学生事务能促进学生成功，这些都是建立真正有效的学生事务部门的重要元素。

第三章

组织学生事务：再回顾与展望

如何开展学生事务以及在院校组织架构图中如何最佳安置学生事务部门，这些话题已经讨论多年，但至今没有确切的答案。造成这种局面的原因可能有以下几种。 31

首先，在美国，高等教育的学术及商业方面始于殖民地时期的高等教育热潮，相比之下，学生事务作为一种职业显得稚嫩。如果要使上课达到一定水准、收支平衡、实体产业至少保持在能容忍的范围内，那么，这些领域（学术与商业事务）的事务就显得尤为必要。值得商榷的是，当教师首次与害思乡病的学生交谈，教他们如何过渡到大学生活，或需要校长帮助来管理学生行为时，学生事务便开始了（Rhatigan, 2000）。

其次，抛开学生事务开始的时间及原因，芬斯克（Fenske, 1989）对学生事务为何在其职业性身份上挣扎以及为何其未来会时不时地遭到质疑做过深入研究。他指出，学生服务工作最主要的对象——学生——是“最具临时性的”（p.29）。据他观察，20 世纪 60 年代晚期，使学生从最不安分的状态转入“政治上持保守主义”（p.29）的不惹麻烦一代只需要五年。学生观的转变极大地影响学生事务工作，要求它能立即回应学生需求。

再次，学生事务该包括哪些内容仍有争议。虽然很少有人质疑教师应当授业、评价学生项目及从事科研和其他学术活动，或者实体产业员工应该维护院校设备，然而，在学生事务工作内容上却存在很大分歧。某些校园中，一些属于学生事务部门的功能也可被安排给其他部门。例如，国际项目办公室属于学生事务还是学术事务？这些问题的答案取决于院校文化、历史和特点。对于这些问题及其他如什么属于学生事务部门的问题，没有一个绝对正确或错误的答案。 32

最后，甚至在高级学生事务管理者的头衔上也有争议。塔尔（Tull）和弗里曼（Freeman）观察到下列关于学生事务长（Chief Student Affairs Officers, CSAOs）的议论。

> 学生事务长一直都有不同的头衔，包括副校长、副主席、院长和主任。学生事务长头衔也被贴上各种各样的标签，包括学生服务、学生事务、学生生活、学生发展与校园生活。（2008，p.266）

本章为本书后面关于学生事务工作的组织及开展学生事务的方法讨论提供基础，这些都是我们在对 20 所表现良好的院校的研究中发现的（Kuh, Kinzie, Schuh, Whitt, & Associates，2005/2010）。本章分为两部分。第一部分简单介绍学生事务的发展历史，重点观照其组织和结构。第二部分审视一些影响当下高等教育机构内学生事务部门组织和功能的问题。

重要历史事件

本部分的重要历史事件概述了学生事务如何在高等教育机构内发展成为与
33 学术、商业及对外事务一样必不可少的组成要素。当学生事务工作人员还不清楚其职责所在时（Rhatigan, 2000），作为一种尝试性的开始，学生事务实践已经演变成一项复杂高深的工作。它通常涉及管理数量众多的员工、大笔资金和占地几千平方英尺的校园。由于其工作人员包括顾问、辅导员、财政分析师、管理者、公共关系专家及其他更多人，学生事务常年面临的一个挑战就是如何定位自身。一些重要历史事件反映了作为如今学生教育伙伴的学生事务在多数学校的身份演变过程。

学生事务的基础

1937 年的《学生人事部门视角》（*The Student Personnel Point of View*）[美国教育委员会（American Council on Education, ACE），1937; NASPA, 1989] 和 1949 年的《学生人事部门视角》（ACE, 1949, NASPA, 1989 年引用），这两个文件夯实了学生事务实践功能的基础。尽管大学提供给学生常见的服务、项目、活动及体验的历史基础在几十年前就已确立（早期事务长工作详细情况参见 Rhatigan, 2009; Schwartz, 2002），但是应该如何组织这些职能、员工该向谁汇报与如何最好地监督这些职能，这些问题至今都未达成一致（Sandeen & Barr, 2006）。例如，学生住宿同时被视为学生事务和商业事务功能，也可两者都不是。其他如入学管理、校园娱乐、大学生体育运动等通常属于学生事务部门，却常常被安排给其他管理部门（Kuk & Banning, 2009）［见高等教育改善标准委员会（Council for the Advancement of Standards in Higher Education), 2013］。库克（Kuk）和班宁（Banning）在学生事务上的发现可视为一个漂亮的总结："特定校园内什么使学生事务成为一个部门，这一老生常谈的问题与
院校历史及院校领导者意志而非任何明显的组织要素有直接关联。"（第 315 34
页）两位作者还补充道，据他们的实证研究，根本就不存在一个明显的组织形式或框架。

瑞迪甘（Rhatigan）总结道，1937 年的《学生人事部门视角》（NASPA, 1989）实际上是学生事务工作的基础性文件。该文件与 1949 年的《学生人事部门视角》（NASPA, 1989）一起为学生事务这一职业提供框架，界定学生事务功能，建立一种学生事务实践发展的理念。未采用它们之前，个体只扮演男院长或女院长的角色，这些个体角色的功能与当下学生事务工作人员的功能十分相似（Rhatigan, 2009; Rhatigan, & Schuh, 1993），但明显没有考虑合适的组织结构。

1937 年的《学生人事部门视角》（ACE, 1937; NASPA, 1989）形塑了学生事务这一职业的核心价值，确定了许多学生事务工作的活动和功能，却没有提供一个组织框架。该文件指出：

> 学生人事工作有效组织与践行总是需要教育管理者：（1）将学生人事工作作为头等大事对待，需要全体教学和管理人员及学生的通力合作；（2）将学生人事工作阐释为处理个体学生的全部特性与活动而非其个性或表现的某个或有特点的方面。（NASPA, 1989, pp.53-54）

该文件建议各个功能间应该相互合作。换言之，员工应通力合作，避免重复工作。但是，该文件没有提供组织结构或方法（如独立单位、部分学术事务或其他组织结构）。

1937 年的《学生人事部门视角》（NASPA, 1989）中，作者呼吁指导（instruc-
tion）与人事工作之间的合作及商业管理［如学生贷款、宿舍（当时的用语）、 35
餐厅及其他涉及费用和服务的功能］与人事服务（如入学、迎新会和学生活动）之间的协作。1937 年文件中反映的理念，尤其是与指导相关"学生人事"（文件中的术语）的理念是有趣的，因为作者提倡教育机构将"学生视为整体对待"（NASPA, 1989, p.49）。

这套理念认为，"教育效能好的项目包括下列以某种形式存在且适应每所院校特定目标的几种服务"（p.51）。之后列出长长的服务清单，如迎新会、住

宿、餐饮服务、课外活动、社交生活监管等。作者还指出，组织开展学生人事服务的新方法正在开发中，但没有具体确定。

尽管 1937 年文件的作者将学生视为一个整体对待，但他们还指出，学生学习应该分给负责指导的人员。这在当时算得上是一种新方法，要求先前一些由教师承担的责任现在应由学生事务工作人员承担。虽然关心“全体学生”教育，但他们强调将学生课外活动作为学生事务的主要工作范围，把学生事务实践交予仅与有关合作而非整合的指导功能。

1949 年《学生人事部门视角》。1937 年《学生人事部门视角》出版十几年后，一个更新版面世了。1937 年起草委员会中只有两人参与了此次修订工作（Rhatigan, 2009）。该文件中，作者指出了学生人事工作的几点“一般化特征”（他们的术语）。

1. 校园内的资源应当相互关联。
2. 应当组织特别的功能。
3. 过程功能与管理功能应该同等对待。
4. 学生事务员工应该参与学校管理工作，学生也应如此。
36 5. 所有人事部门不该有职业性别歧视。
6. 项目应该接受评价。
7. 有效性在某种程度上应该由学校环境决定。（pp.39-46）

随着学生事务实践（当时还被称为“学生人事工作”）的演化，关于学生事务下组织与管理功能的建议也随之转变为作者建议应当委派“唯一的行政负责人”（NASPA，1989，p.40）领导全部学生人事项目。作者还补充道：“人事管理者应不对任何功能或服务负责，以便更有效地处理项目发展与院级以上合作。”（p.40）桑迪恩和巴尔（Sandeen and Barr, 2006）总结道，这项申明意在开拓思路，而非指导学生事务工作人员如何开展工作。

扩张与成长

20 世纪 50 年代是学生事务得到成长与发展的十年。缪勒（Mueller, 1961）为被她称为“人事部门”的行政组织提供指导。她暗示，该部门应包含一些基本的核心功能：社会功能与活动、学生治理与纪律行动及学生人事记录。她还补充道，有些其他功能，如迎新会、咨询、住宿、学生健康、实习及录取等，“人事工作人员要一直参与——但并不需要负全部责任”（p.139）。她在如何组织这些功能上提了些基本的建议。

> 因此，我们认为，对于任何校园来说，稳定且广为宣传的人事功能结构都是十分重要的。某些中心化是有必要的，但同样为分配责任与直接接触大多数学生而进行的去中心化也是十分重要的。（1961，p.143）

她还指出，教师与学生应当参与服务过程并在学生事务中做出重要贡献。缪勒 37
（Mueller）强调，“人事部门”在学校里是有必要存在的。她断言：

> 主要原因在于，个体，尤其是工作人员需要一个工作结构帮助其实现自我完善。不管怎么称呼该组织，它都给员工本人及其同事、家庭和朋友一个身份。凭借阶层关系，他的上司知道他在何处、在干什么以及如何给他分配工作。（1961，p.134）

20 世纪 60 年代：骚动不安的十年

随着学生事务工作变得越来越复杂，学生事务部门是否该存在这一问题得到了解决。创设学生事务部门的一部分原因可能是，由于当时的时政变得复杂且让人头疼。院校规模与复杂性正在变大，民权、言论自由、越战、挑战学校“替代父母”身份的法律案件，这些时政问题让学生感到不满（Caple, 1998; Rhatigan, 2000; Thelin, 2003, 2004）。桑迪恩（Sandeen, 2001）指出，许多教师“从他们认为是烦人的咨询职责或对学生行为负有的模糊责任中解放出来后，感到开心”（p.184）。尽管知道学生事务管理面临一些挑战，钱德勒（Chandler, 1973/1986）断言，学生事务部门的组成单位应由副校长领导，且学生事务应当是大学组织中一个重要的组成部分。

20 世纪 60 年代，大学继续扩招，民众不安与争议在 60 年代最后几年中变得更加突出。“校园不合作行为在一些事例中上升为暴力事件，随之而来的镇压常常又使事态更加恶化。”（Rhatigan, 2000, p.19）60 年代中期，学生事务员工一方面要负责维持校园秩序，另一方面又要捍卫言论自由。尽管这是个充满争吵与暴力的年代，但学生骚动大约在 1973 年就消退了（Thelin, 2004）。

学生事务是否采取男女事务长分治模式，这一问题在该时期被提出且得到 38
解决。克兰（Crane）（1963/1983）认为，在部门内设立男女办公室的实践依据在于男女服务应该分开。他的建议并没有得到广泛认可。办公室被整合成学生事务长一人模式，早在 1934 年 W. H. 考利（W. H. Cowley）就提出这种行政重构（Schwartz, 2002）。施瓦兹（Schwartz）认为，随着规模与复杂性的提升，男事务长成为不断提高效率这一欲望的牺牲品，也沦为不断强调学生事务工作人员专业教育的牺牲品。女事务长由于一些其他原因而被废除。施瓦兹（1997）称："女事务长职务的设定一般是为了迎合女性，而男事务长职位则被认为具有新的行政重要性。女事务长不可避免地成为这种敌意的牺牲品。"（p.432）尽管女事务长职位被取消了，但在该职位上的人应该谨记瑞迪甘（Rhatigan）所总结的：

> 我们已经忘记她们在对付困难局势时的巨大勇气、尝试为女性开拓新研究领域的不懈努力、失败后仍不气馁、摆脱陈规旧俗、工作与著作中的道德标准，以及为后继者树立的榜样。（2000，pp.10-11）

瑞迪甘（2009）还称，男事务长倾向于依靠经验与直觉，而女事务长的实践方法则更偏向理论。最终，学生事务长一职倾向于从男性中挑选。

20 世纪 70 年代至 90 年代：调整与问责

特林（Thelin）（2003，p.16）将 20 世纪 70 年代至 90 年代之间的特征概括为"调整与问责"。学生事务在整体与局部上都增加了许多功能。联邦法案，
39 如《1973 年康复法》（*Rehabilitation Act of 1973*）的第 504 条规定，高校应向长久以来被拒之门外的残疾学生开放。1972 年教育修正案第 9 条被通过，以确保男女受教育机会均等。谁领导校园执行这些法令？在一些情况下，是学生事务领导的。结果，学生事务管理者的数量增加了。但是，问责问题与评估需求也伴随这一增长而来。尤厄尔（Ewell）（2009，p.5）对高等教育内评估运动作了很有说服力的总结。

> 1987 年，美国高等教育领域所谓的"评估运动"开展还不到 5 年。它一部分是由课程改革报告引起的。这些报告要求课程间更大的连贯性，及使用与更高学习所得及学生产出与活动的知识相关的教学方法（Ewell, 2002）。但是它的产生也与州政府在使用新方法测试与调查投资回报上日益增长的兴趣有关。

法律还授权，公立院校可以为学生学习研发评估方法（Burke, 2004）。联邦政府也在评估运动中发挥重要作用，要求院校通过问责程序展示教育效能（Miller, 2012）。

由于院校财政受到严重考验，先是 20 世纪 70 年代晚期失控的通货膨胀，接着是 80 年代早期的经济萧条，问责问题由此产生。院校如何证明自身合理使用资源？与问责相关的问题也涉及学生事务部门，尽管他们通常忽略这些问题或转移话题。学生事务部门的回答引发下列问题：学生事务在院校组织结构

中处于何种位置？可能更为重要的是，指导学生事务实践的理念是什么？

21 世纪：不断多元化的学生和院校

21 世纪的一个特点是，存在着大量引发许多院校学生主体多元化的元素。随着为越来越多的先前上不了大学的学生提供支持和帮助，学生事务的职权被拓宽了。特林和加斯曼（Thelin and Gasman, 2011）称：“传统‘男大学生’的 40
学生形象已经被女性、美国印第安人、非洲裔美国人、华裔美国人、西班牙裔及年龄超过 25 岁的美国人所取代，这些人已经成为高等教育必不可少的组成部分。”（p.17）例如，2012 年在有学位授予权的院校中，入学学生 57% 是女性，而 1947 年却只有 27%（美国教育部，2012，表 198）。相似的是，根据美国教育部（2012，表 237）调查，少数族裔学生［非裔美国人、西班牙裔（美国教育部用语）、亚裔、美国印第安人、阿拉斯加土著人及混血人］的人数与百分比也由 1976 年的 15.4% 升至 2010 年的 36.1%。根据 2007—2008 年《教育统计文摘》（*Digest of Educational Statistics*）统计，略超过 10% 的大学生是残疾人（美国教育部，2013，表 242）。另外，外国学生申请到美国读书，这成为美国高等教育多元化增长的另一领域。1980—1981 年，接近 312 000 名外国学生进入美国高校。2009—2010 年，这一数字增长到 700 000 名（美国教育部，2012，表 236）。

与高校学生多元化增长同时发生的是，提供高等教育的院校也变得多元化（Griffin & Hurtado, 2011）。营利性院校学生入学量尤为突出，从 1967 年的 21 679 人至 2010 年的超过两百万人（美国教育部，2011，表 198）。网络课程的学生注册数量也出现了显著增长（Radford, 2011）。这些数据意义重大，因为随着高等教育中学生主体及教育实现模式的多元化，开展学生项目、服务及活动的方法也需随之改革与创新。确实，当下处理学生的方法处于不断变动之中，且正如克劳利（Crawley, 2012）指出的那样，谁负责帮助网络学习者仍不清楚。

当代学生学习的焦点

20 世纪 90 年代，许多学者出版了关于重新定位学生事务的著作，包括波 41
伊尔（Boyer, 1987, 1990），库、舒、惠特及其他合著者（Kuh, Schuh, Whitt, & Associates, 1991），帕斯卡雷拉和特伦兹尼（Pascarella & Terenzini, 1991）。这些书籍呼吁重新强调本科生经历，并证明课外活动对学生学习和成长有实质性的帮助。有人可能认为，这些书籍为挑战院校重新强调学习的附加报告提供平台。这其中包括《学生学习是当务之急》（ACPA, 1996）和《强力伙伴关系：一起为学习负责》（AAHE，ACPA, & NASPA, 1998）。前者提倡将学生事务实践的重点更新为学生学习，而后者则提出高等教育内不同部门间合作以拓宽学生经历的方法。

尽管合作的呼声受到许多院校的欢迎（Schuh & Whitt, 1999），但早在1961年谢弗（Shaffer）就提出了该方法（1961/1986）。如果这些文件对学生事务影响巨大，那问题自然也随之而来，即高校组织框架中学生事务的位置在哪里？如果学习是重点，那学生事务置于学术事务中是否合理，因为学生学习一直都是教师与学术管理者的职责？或者20世纪五六十年代由于学生事务变得复杂，而将学生事务切割成若干单位（如副校长向校长汇报），继续这种做法是否更加合理？尽管学生事务核心继续依靠地方（指以学校为基础的）因素和问题，但《学生事务实践的良好原则》（*Principles of Good Practice for Student*
42 *Affairs*）提供了关于组织实践，尤其是能促进学生学习的进一步建议（ACPA & NASPA, 1997/1999）。作者称，该文件中的原则是为“指导日常学生事务实践”（ACPA & NASPA, 2004, p.1）而设。基于此书的《学生事务中的良好实践》（*Good Practice in Student Affairs*）（Blimling, Whitt, & Associates, 1999）则强调学生事务实践方法的多样化。赖泽（Reisser）和罗珀（Roper）指出：

> 为达成与校园环境必要的一致，学生事务工作人员需要找到特殊解决方案以适应其财政状况、人力资源水平、政治环境、历史遗产、独特任务与具体社会环境。（1999，p.114）

影响学生事务组织的因素

当下许多问题都已经影响到目前学生事务部门的组织。桑迪恩（Sandeen, 2001）确定了一些影响学生事务部门组织的因素，却没有发现一个组织模式。他发现的因素包括：院校目标与文化、学生事务人员的专业背景、学生特性、学术事务主席或高级工作人员、学术组织、财政资源、科技及立法与司法机关的决议。应当设计组织模式以执行部门的教育的、领导力的、管理的及服务的目标。因此，桑迪恩要求定期评议组织关系与功能，如此，学生事务就能在组织与功能上与时俱进。

由于许多因素都影响学生事务部门所做之事与组织方式，那么，有关于学生事务组织与实践的常用模式吗？邓基（Dungy, 2003）观察到，不管组织结构是中心化还是去中心化，由于采用高级学生事务管理者向校长汇报形式，传统模式已使学生事务变成孤立部门。但是，她还指出，一些院校已经将学术与学生事务合并成一个部门，由负责学术事务的副校长领导。她承认，一些院校先前也采取这种组织模式，但后来又转为独立的学生事务部门，由其学生事务高 43
级工作人员直接向校长汇报。

学生事务副校长［又称为高级学生事务工作人员（senior student affairs officer, SSAO）以便讨论］该向谁汇报？高级学生事务工作人员应该直接向院校高管（校长）或学术高管（教务长）汇报？安布勒（Ambler, 2000）在此问题上提出多种看法，但最终认为这一结构不如工作中形成的关系、联合及合作重要。在其研究的 240 所公立与私立院校中，库克和班宁（Kuk and Banning, 2009）发现高级学生事务工作人员向校长汇报最为普遍（65.5% 是这样的），剩下的 35.5% 有其他的汇报关系，这样超过 1/3 的问责采用不同的汇报关系。

学生事务概念化

这些年来，至少出现三种影响学生事务组织的学生事务处理方法，包括学生服务、学生发展及学生学习。在某些方面，这些将学生事务概念化的方法与伊万斯和里森（Evans and Reason, 2001）对学生事务理念的分析十分相似。他们认为，学生服务、学生发展及学生学习明显是其分析的 13 个学生事务基础性文献的主题所在。

学生服务。尽管没有像克兰（Crane, 1963/1983）所担心的那样——采取快餐式操作形式，但实际上这一学生事务实践概念要求，学生事务应为学生提供一系列作为大学生活一部分的服务。然而，这些实践大部分都是彼此独立，缺乏对学生实践的总体观照。一些人可能认为，在践行学生服务方法时，学生事务涉及的是一系列互不相干且彼此独立的部门，因为如果学生对改善身体健康 44
情况感兴趣，他们就会使用健身房里的设备锻炼身体。如果他们感冒了，他们就会去医院。如果他们想建立一个促进学生健康的组织，他们就该去学生活动办公室获取建立学生组织所需要的过程清单。在这种学生事务概念下，与学生事务有关的各部门合作关系松散，理由是它们分散在行政结构中，而这对它们的活动没有太大影响。

学生发展。这种学生事务概念下，不同的学生事务部门通力合作为学生提供合理且连贯的课外学习活动。对改善身体健康情况感兴趣的同学可咨询学生健康服务人员，也可咨询娱乐项目中的健身教练，还可在饮食问题上联系营养师。这些部门的员工可以合作为学生提供一套相互协调的实践方案，进而帮助学生实现目标。这个方法可能受学生成长的心理理论指导，并承认课堂内学习是教师的责任所在。学生发展概念很有可能将院校中的部门独立化。

学生学习。这种处理学生事务的方法将学生事务实践视为一种综合的、相互协调的实践。当有意报考该校的学生向学校咨询入学信息时，这种实践便开始了。教师协调安排有意报考该校的学生走访校园。教师要参与宿舍项目。新生（大一学生或转系生）的课程需由学生事务人员与教师合作。学生事务实践工作依赖于正在常规化的合作关系，这套理念促进了学生实践。如果那些学生事务中常见的部门归高级学术工作人员管理或独立存在的话，那么，该理念就会出现问题。以上任何一种情况都能找到实例，但组织这些部门的指导性问题在于，我们所做的如何对学生学习发挥作用。对于那些对改善身体健康情况感兴趣的学生，除学生健康、校园餐饮服务及健身房提供的配套方法外，他们还
45 可以修学分课及参加当地校外公园和健身房举办的夏季实习项目。

院校目标

莱昂斯（Lyons, 1993）对影响学生事务的因素做了尤为深刻的评论。他认为，院校目标是决定学生事务形式与内容的最主要因素。他还指出，如何组织学生事务、如何定义学生事务的责任、如何评估学生事务、学生事务如何与院校事务和文化发生关联，这些问题在不同院校，甚至在一所院校内都会有很大的差异。希尔特、艾米林克及施耐德（Hirt, Amelink, & Schneiter, 2004）在文科院校（liberal arts colleges, LACs）的研究为这一观点提供了例证。他们发现，文科院校的学生事务实践不同于其他类型院校。由此他们得出结论，“文科院校的学生事务实践是合作性的、团队性的且富有挑战性的，常常需要专家参与”（p.102）。院校目标为学生事务如何组织及学生事务员工如何改善其所属院校提供思考基础。希尔特（Hirt, 2009）接着阐发了院校目标如何影响学生事务的形成与组织。

在莱昂斯（Lyons）的研究基础上，巴尔（Barr, 2002）确定了几种影响院校目标的因素，因此，这些因素也影响了学生事务的目标。这些因素包括：院校的从属关系；特征、历史、关注点与管理；是否属于一个系统；地理位置；是否通过共享图书馆资源和双学分课程与其他院校发生联系。此外，在对良好学生事务实践原则的考察中（此项考察也包括一项对四年制院校中学生事务长的调查），多伊（Doyle, 2004）总结道，学生事务一定要向院校证明它在完成

院校与部门目标时所发挥的作用。他认为，为有效实现院校目标与任务，学生事务必须要更加合理地使用资源。

发展支持学生学习的组织

当下，学生事务的组织策略之一便是考量学生事务部门支持与提高学生学 46
习的程度。布里姆利、惠特及其他合著者（Blimling, Whitt, & Associates, 1999）重新确认了学生型事务实践所要承担的义务，并敦促院校重新定义在学生及其所学上的目标。另外，在建构良好实践原则上，多伊发现：

> 在以直接与学生互动为基础的合作性学习原则上，学生事务部门取得最有效的成功。这些原则包括：（1）让学生主动学习；（2）帮助学生形成共同的价值观；（3）建构支持性与包容性的社区。（2004，p.375）

然而，他又提醒，尽管学生事务部门善于与学生建立联系以促进其学习，但其他部门就不会那么熟练地建构组织结构以整体提高学生学习了。

形塑合作关系。在构思未来学生事务组织时，一个重要的因素是组织结构及文化提供多大灵活度以建立合适的合作关系提高学生学习。什么可以阐明这些合作关系的性质？显而易见，合作关系就是能为诸如住宿生活、学生活动、迎新会及健康服务等传统学生事务功能提供学习的成分。谁来具体组织这些合作关系由院校的当务之急决定，但是相比于不同部门彼此单独工作，此种合作关系肯定能丰富学生学习经历。

在有效应对整个院校学生学习的方法上，施罗德（Schroeder, 2003）提出的建议是发展学术与学生事务间的合作关系。惠特（Whitt, 2011）补充认
为，“学术与学生事务间的合作能号召那些从事一线学生工作——课堂内外、 47
主辅课程及课程外活动的人在设计、执行与提高学生学习上创建合作环境”（p.484）。

尽管创建合作关系存在诸多困难（Schroeder, 1999a, 1999b），但一些成功案例能被当作模式，用于服务学生并最终促进学生学习。巴拉德和朗（Ballard and Long, 2004）在如何开展全校学生学习及确定哪些学术与学生事务间合作是重要的这两点上提出建议。在为院校定目标时，首要目标应该聚焦学生并要求学术与学生事务间的合作。一个生动的例子便来自某校副校长的观察：“当我评估我们与学生成功相关的学术项目时，我意识到学术事务必须加强，要想成功就要大力发展与学生事务的合作关系。”（p.17）

一个发展合作关系的项目案例是，学术部门（心理学）与女性中心联合

提供防性侵教育、预防与受害者服务的合作计划（Yeater, Miltenberger, Laden, Ellis, & O'Donohue, 2001）。恩斯特龙和廷托（Engstrom and Tinto, 2000）将学习社区和学习服务视为依托于合作的项目，并能将院校转变为学习型组织。他们还发现为合作做准备的活动，包括第一年学习项目、培育坚持精神的活动、职业发展计划、领导力培养及多元文化教育活动。相互尊重、平等、信任及公共学习等元素是培养学生事务与教师间合作关系的重要组成部分。

或许惠特（Whitt, 2011）报告的成果和其他源于合作关系的成果一样有影响力。她暗示，主修与辅修课程的合作衍生出大量的学习成果。但她提醒，合作并非万能药，且该领域的文献著作并非源于实践。

与学术事务合并。对于学生事务来说，与学术事务合作的一种方法是在组
48 织结构上并入或联合学术事务。在合并模式中，高级学生事务管理者向副校长汇报，这样学生事务中不同需求、问题及要务将会从学术事务事务长和教师那里得到更多的理解与帮助（Sandeen & Barr, 2006）。库克（Kuk, 2009）认为，在许多院校中，高级学生事务人员的汇报关系已经由校长转移至教务长或副校长。

普赖斯（Price, 1999）对其所在的学生事务部门与学术事务的合并意义进行了观察，并为可能的合并提出了一系列问题。问题如下：

> 1. 合并的初衷在于节省财政开支还是建构良好统一的学习环境？
> 2. 副校长有责任与学生事务员工、事务长及学术事务员工保持联系吗？
> 3. 副校长会向校长及院校其他领导提倡课外学习吗？
> 4. 学生事务员工和学术事务管理者愿意放弃传统身份并为可能的不安冒险吗？
> 5. 关键的生活质量功能（住宿、餐饮、学生社团）会受商业事务监管吗？
> 6. 高级商业事务管理者对学生事务及课外学习进行评估吗？
> 7. 校长需要参与或评估学生事务及课外学习吗？（p.81）

结　论

本章对近些年来学生事务的历史与组织发展作了简要介绍。随着学生事务功能的发展与完善，受到一致认可的组织模式并没有出现。相反，学生事务经历了由男女事务
49 长分管模式到学生事务长一人模式的转变。此外，院校具体的历史、文化和需求极大影

响着学生事务如何组织及向谁汇报。与学术事务和商业事务相比，学生事务要努力发现其在院校组织框架中的位置。

学生事务该如何组织、学生事务该向谁汇报及学生事务中具体该包括哪些功能，这些很有可能成为未来谈论的焦点。可以肯定的是，根本不存在处理“学生事务”的最佳方案。学生事务部门活动的有效开展受一系列因素的影响，其中一些因素本章已经论及。

第二部分

传统型学生事务实践模式

第四章

课外型传统模式

当你走进学生中心时，映入眼帘的是天花板上悬挂的五彩斑斓的学生 53
社团的横幅。各种宣传社团和组织活动的横幅以及成群结队热热闹闹的学生都表明，该校拥有丰富多彩的课外活动。学生领导者们经常宣称，他们在课外要比课内学到的多。这一观点被下面的信念得到强化：“毕业后没有人在意你的平均学分绩点（Grade Point Average，GPA）。但每个人都会查看你的领导力、参与度及课外经历的简历。”

学生活动办公室有一套学生完美的领导力体系。最受欢迎的职位有迎新会主席、入学大使及宿管助理。学生强烈地表示，不管有没有工资，他们都乐意接受这些职位。他们认为，生活技能体验、成就感及获得的乐趣这些本身就是回报。正如一位学生所言：“这就是大学。”

漫步于学生中心，你会发现这个地方就是为学生而建。除偶尔有教师喝咖啡或吃点便餐外，很少有教师会在中庭与学生坐在一起。教师认为，学生中心“是学生的地方。我们与学生的交流大部分发生在教室或办公室。这样挺好的。他们有他们的活动天地，而我们也有从事学术活动的场所”。

1931 年，罗伯特 · C. 克洛西尔（Robert C. Clothier）慎重地向教育者请求在高等教育机构内发展学生人事功能。该领域建议被定义为：

> 院校中的人事工作是这样一种体系，它为个体学生带来各种性质的影 54
> 响。这些影响将会刺激和帮助学生通过其自身努力实现在个体成长能力范围内身心和性格的发展。另外，它还帮助个体学生最有效地运用其能力进行实践。（1931/1986，p.10）

这一学生人事工作的早期论断并没有提及这份工作是否单独发生于课内或课外环境。事实上，学校所有的人员［例如，“教授、讲师、院长、注册员、指导教授、教练、学监、甚至门卫”（p.10）］都会从事学生人事工作。“*学生事务*指的学校内负责课外教职员工、项目、功能及服务对学生教育及发展有益的校园行政部门”（Javinar, 2000, p.85，斜体为原文所加）。

尽管早期学生人事工作（后称学生事务）要求在整个院校内执行，但呈现的模式却是学术课程外或课堂外的。“学生人事领域的关注点在课外。这里的“外在”（extra）不仅意味着*外面或超过*，而且更多涉及的是*周边的和无必要的*。”（Brown, 1972, p.42，斜体为原文所加）重点并非在全体学生上，而是在于学生的心理体验（Nuss, 2003）。早在1937年，《学生人事部门视角》就描述了学生事务的功能。只要看一下这份清单，就能明白大多数建议的活动（如课外活动监管、发展宗教活动、协调财政补助、餐饮供应、学生纪律管理、学生目的分类协助）都发生在课外。不管是在宿舍、校园活动办公室还是在体育娱乐场所，由学生事务负责的项目、服务及政策都支持高等教育的学术功能（NASPA, 1989）。

本章描述两种传统学生事务实践模式——学术课程外和辅助课程（见表4.1）的历史与理论基础。特别是，这些模式的优缺点将会置于学生事务实践的过去、当下与未来中讨论。

55 表4.1 学生事务实践模式

传统型	创新型
课外型	学生型
学术课程外	关怀伦理
辅助课程	学生导向
	学生能动性
管理型	学术型
职能条块	学术–学生事务合作
学生服务	学术导向
学习型	
竞争对抗	
无缝学习	

课外型模式的建构主要受学生发展的心理方法影响，以学生事务及学术事务的目标、功能与教学方法彼此独立这一设想为基础。与学术事务很少有或者没有

重叠部分，学生事务追求的教育目标本质上不同于学术事务目标。本章中，课程外及辅助课程模式的例证都是通过短文故事阐述的，这些故事简述了学生事务项目、政策以及组织结构。这些简介用不同字体标出以示与本章其他部分的区别。当然，这些故事的内容及名称都是虚构的。

课外型模式的历史及其理论设想

“多年以来，学生人事工作者都将他们自身视为关心全体学生的教育者，其职责主要在课外活动上。”（Brown, 1972, p.42）“课程”（curricular）前“extra”前缀的使用意味着这些活动是学术活动的补充或在学术活动之外。这些模式的指导思想是教师及其他执行学术项目的人员对学生智力发展负责，而学生事务员工在学生发展中不发挥认知作用。组织体系上的合作在此方法中并不常见。学术事务和学生事务员工彼此割让责任，且常常互不干扰。准备充分且受过专 56
业训练的员工努力关注自己的工作而不干预其他不同部门同事的工作。采用学术课程外及辅助课程模式的校园会是什么样的？哪些项目会得到赞助？学生参与哪些活动？

高参与度院校（High Involvement College, HIC）拥有发展完善的学生事务部门。参与度高的院校的员工精通学生事务实践，花费多年时间拓宽与发展课外活动。尽管一些活动如社区服务和学术目标有着相似的学习目标（如发展批判性思维），但大多数学生事务的赞助项目都是非学术的。

学生事务部门下设的办公室包括职业发展、学生活动、迎新会、社区服务、学生中心、住宿生活、体育及司法。学生事务员工与教师之间的差异十分微小。教师每年都会共同参与校园活动，这些活动包括学生组织招新顾问、迎新会参与者、住宿生活与学习咨询师。但是，总体而言，教师将角色任务视为独立且不同于学生事务部门发起的课外任务。

回想起来，现在的学生事务教育者可能会思考划分课内外学习。从提供实践与服务到重视学习，这一演变可见于学生事务领域最初有重大意义的文件中。

《学生人事部门视角》（1937）规定专家要参与实践，而《学生事务视角》（*A Perspective on Student Affaris*, 1989）则建议学生事务工作应该以支持院校学术目标的学生学习与发展结果为中心。（Shutt, Garrett, Lynch, & Dean, 2012, p.67）

由于当下的重点在于学生学习，这一严格划分是欠考虑的。（AAHE, ACPA, & NASPA, 1998; ACPA, 1996; ACPA & NASPA, 2004; Bliming, Whitt, & Associates, 1999; Keeling, Wall, Underhile, & Dungy, 2008; Kuh & Ikenberry, 2009）

57 学生事务实践的课外型模式建立了一种渠道，使工作人员能为学生带来一系列丰富的机会。使用这两种方法的话，学生事务专家就能

> 有无限的课外环境为学生提供机会梳理价值和目标，直面想法、情感与问题，带来影响局势的新信息或组织信息的新方式，接受行为结果，增强领导及理解他人的能力。（Appleton, Briggs, & Rhatigan, 1978, p.47）

瑞迪甘（2003）推断，学术课程外服务及项目模式的动力来源于 1937 年的《学生人事部门视角》（1937）。"在概述过如此多的独立服务后，他们（作者们）未能弄懂这个是如何影响与其他部门的关系的，及这种专业化分类如何削弱指导思想中核心理念——整体性思想。"（p.17）课外型模式表明，学生的大学经历能被整齐地分割成与正式学分课程相配套的元素。这些正式学分课程包括专业课、辅修课、集中课程及学位，也包括促进心理发展的课外活动。通过个性化学习、写作、阅读及与锻炼批判思维和发展公民自由教育的活动，认知能力发展在课堂内得到实现（Bloland, Stamatakos, & Rogers, 1994）。而通过俱乐部和组织活动、领导力发展、校园兼职、策划及环境管理，学生的社交、情感及精神在课外得以发展。

尽管存在不足，课外型模式过去和现在都为学生事务提供并实践有意义的价值。课外实践创造了一种教育方法，能够广泛地提升学生的知识、技能及理解力。在这种环境下，学生能接触各种类型的人群，从而能锻炼领导能力、学会与同龄人合作及获得自信与专业技能。

第一节 学术课程外模式

58 基于对学习的经验方法（Chickering, 1977），学术课程外模式提供将知识应用于现实的机会。学生阐释与追求共同目标、履行财务义务、参加民主决策及矛盾解决。在职业发展、咨询、学生活动、生活学习环境、学生管理及领导力培养上，学生事务公开鼓励学生使用与运用知识获得理解（Knock, 1988）。

> 高参与度院校有着丰富多样的校园生活吸引着预备生。学术目标很重

> 要，然而，世界级艺术表演、学术及通俗演讲、年度校园周末盛大庆典（通常以主要的体育赛事为中心）及重要的演奏会，这些都建构出一个内容丰富的校园社区。此外，职业发展工作坊与课程提供的服务、迎新会获得的入学管理经验以及学生司法方案上习得的学生责任，这些对学生发展都有长久的影响。校园高墙之外，为社区成员削减费用的政策也改善了当地的环境状况。

故事中体现的实用主义哲学方法长久以来都是学生事务的基础（Knock, 1988）。整个学生哲学以学生事务实践方法理论为基础，其起源可追溯到约翰·杜威（John Dewey, 1904, 1926, 1940）。然而，最早的课外型模式并不是基于教育实践哲学观，它们也不是源于学生事务领域的发起者。这些学生事务实践最早的模式是由学生创建的。

> 殖民地时期，大学生的生活与活动都是受宗教活动、严格的道德纪律与古典课程主导。自 18 世纪中期至 19 世纪中期，通常学生活动都是一些文学俱乐部和辩论社。学生发现，古典课程并不适合用来讨论政治及时政问题。因此，他们建立这些组织作为古典课程的补充。（Saddlemire, 1988, p.262）

文学俱乐部演变成司法部、社团、辩论俱乐部及校园发布。1825 年成立的 59
大学生联谊会扩张成一个包括妇女联谊会和提供住宿的系统（Nuss, 2003）。由此，早期高等教育的人事功能建立在高等教育机构课程与学术目标范围之外。1901 年，当首个学生社团在宾夕法尼亚大学建立时（Saddlemire, 1988），受管理者监管的课外活动被明确下来。随着学生事务领域的扩大，这种课外学习的集中兴趣在 20 世纪 60 年代和 70 年代也随之扩大。

> 在高参与度院校中，学生事务实践最初发生在宿舍、学生社团、体育场及其他非学术设施与场地。与早期学生事务工作人员相似，高参与度院校中的学生事务员工利用丰富的课外学习机会开展领导力发展项目、学生活动与精心安排的学生人员布局。俱乐部和社团是教授领导力技能的最佳渠道。在学生管理、社团、健身房及少数族裔社团中，学生通力合作、获得新知识、锻炼生疏的技能及与不同的人打交道。高参与度院校提供的领导力培养包括：研讨会、社团管理者培训、资源库、系列讲座和学生人事专家传授的非学分课程。学生人事员工提出一项由其员工教授的领导力副修课程，但由于学术性不强而遭到教师反对。

学术课程外模式的理论基础

早期学术课程外模式的建构基础是学生心理发展（Chickering & Reisser, 1993; Erikson, 1968; Josselson, 1987; Sandford, 1962）、领导力理论（Komives, Lucas, & McMahon, 2013; Kouzes & Posner, 2002; Roberts, 1981）、学生参与（Astin, 1990, 1991, 1993, 1999）及组织理论（Birnbaum, 1991; Manning, 2013; Weick, 1976）。20 世纪 60 和 70 年代学生人事工作者演变成教育者，这为阐释
60 学生人事人员的工作提供了独特的理论视角与学生发展机会。这套理论对课外学习环节尤为适用。

学生心理发展。发展理论家如奇克林（Chickering, 1969）、奇克林和赖泽（Chickering and Reisser, 1993）、埃里克森（Erikson, 1968）、吉利根（Gilligan, 1982）、乔塞尔森（Josselson, 1987）及桑福德（Sanford, 1962）为课外模式提供理论效验。奇克林（Chickering, 1969）的七向量（即发展能力、管理情绪、由自主向互助转变、发展成熟的人际关系、建立身份、发展目标和发展整体性）（Chickering & Reisser, 1993）阐述课外型模式的项目、服务、政策及环境管理。课外活动不仅是用来娱乐学生的，而且是一种发展其社会能力和身份建构的途径。校园工作并不意味着廉价劳动力，而是一种学生发展目标及整体性的方法。纪律措施并不需要通过惩罚来监管学生，而是激发学生走向成熟和互助的一种方法。课外活动尽管被定义成不同于学术的学生发展课程，但它对学生教育发挥着同样的功效。某些从事学生事务的人甚至认为，课外课程“等同于”学术课程。在当下一些领域中，学生事务是否等同、支持（NASPA, 1989）或补充学术目标的争论仍在继续。

宿舍是实现课外目标的重要场所。那些从未与别人合住的学生要和他人一起生活在同一屋檐下。不同的癖好、价值观及习惯在这里将会相互磨合与碰撞。在提供个人问题咨询、帮助同龄人协商校园生活及处理危机时，作为宿管助理及其他专业人员助手的学生，会学到关于自身及他人的重要经验。桑福德（Sanford, 1962）的“挑战与支持”理论和专家及其助手在与学生密切接触时的环境有很大关联。课外型模式中，宿舍通常被认为是教师及非宿舍人员“范围
61 之外”的地方。反过来说，学生将这些设施称为“家”。他们结成社区，在此产生长久的关系。他们在这些环境里得到的满足感或者不满足感极大地影响着自身的大学生活。

吉利根（Gilligan, 1982）的理论从女性视角出发，为课外型模式提供概念支持。她强调建构亲密关系，这为学生的社会和情感发展及学生事务工作人员

共同掌权和发展提供指引。人际关系复杂的学生事务领域可以从吉利根关于关系对人成长作用的理论中获得有益启示。根据她的理论，宿舍生活可以围绕对他人的责任范围来构建。学生行为可在人际关系建构与自主的可能选择语境中加以理解。吉利根为学生事务工作人员开启了主要和次要的关系型发展模式之门（Schlossberg, 1989）。这些模式为理解关系复杂的课外型模式发展提供理论效验。

领导力理论。发展学生领导能力是学术课程外模式处理学生事务的主要目标之一。当学生从事宿管助理、迎新会领导者或职业发展助理时，参加领导力研讨会与工作坊时，以及通过在俱乐部和社团的领导者身份而获得建议时，领导力就被传授了。领导力随着民主价值、公民权及社区责任的增长而发展（Hamrick, Evans, & Schuh, 2002）。

布林（Breen, 1970）对校园领导力项目进行了首次公开调查。他的研究表明，成功的项目：（1）让学生参与计划；（2）将学生活动办公室置于主要位置；（3）把周末研讨会视为流行模式；（4）使用团队合作和经验型学习模式。在对领导力项目随后的调查和研究中，学生活动办公室发挥的实质性参与作用得到确认。早期领导力项目中所传授的技能、态度和方法仍有效用，但最新的模式如服务领导力、道德领导力及合作领导力（Komives, Lucas, & McMahon, 62
2013）强调关系、伦理与公民发展而非仅仅是强调完成任务或获得领导技能。

> 当有人问高参与度院校中的学生领导者如何管理自己的时间时，她可能会承认，这是一个难题。在典型的学生领导者周计划中，一周要参与 12 小时至 15 小时的课外活动。领导者有可能被迫请假与校长及教务长去参加重要会议。由于不得不批准学生请假，教师可能对那些按学校管理者要求切割时间并同时关注课内与课外活动的学生存有复杂的情感。教师对学生所负的要务可能包含学业优秀、毕业论文或研究。课外活动看起来像个可有可无的附加品。然而，学生领导者相信，课外经验将会使他们在将来找到最好的工作。

学生投入。基于合作性高校研究项目（Cooperative Institutional Research Program, CIRP）的观察数据，亚历山大·阿斯廷（Alexander Astin）发展出一套学生投入理论。合作性高校研究项目建立于 1966 年并持续至今，在学生关注什么、什么影响他们成长及学生事务工作人员如何促使学生获得良好学习成果上，持续收集的学生意见提供了丰富的信息。阿斯廷将投入定义为“学生在学习过程中耗费的时间与精力”（Astin, 1999, p.588）。阿斯廷的研究同时涉及学术和社会投入，但投入理论更适用于课外环境（Wolf-Wendel, Ward, & Kinzie, 2009）。为解释该概念，他举了下面一个例子：

> 学生投入度高指的是在学习上投入大量精力，在校园里度过绝大多数的时间，积极参加学生社团，与教师和同学频繁交流。相反，典型的投入度低指的是不爱学习，很少待在学校，不参加课外活动，很少与教师及同学交流。（1990，p.518）

投入度受大学生活的程度、时间与强度的影响（Astin, 1993）。阿斯廷给出
63 了5个关于学生投入的先决条件。正如前文所述，第一个先决条件涉及投入的身心精力。第二个先决条件认为“投入的发生需要一定持续性”。第三个先决条件论及投入的数量（即多少）和质量（即程度）特征。第四个先决条件认为在活动或项目中学习“直接与投入的数量和质量成一定比例关系”。第五个先决条件是“任何教育政策或实践的效能都直接与该政策或实践提高学生投入的能力相关”（Astin, 1999, p.519）。

在阿斯廷的学生投入理论中，他将学生时间视为大学校园中最重要的院校资源。由于学习取决于学生投入的时间与精力，大学管理者和教师要严肃对待这一有限资源。为使学生获得重要的教育成果，学生事务教育者该组织哪些活动？对有限的时间与精力资源，学生该如何取舍以实现其学习目标？校园环境该如何形塑才能帮助学生学习？

学生投入和学生参与经常容易混淆。后者是全国学生参与调查（the National Survey of Student Engagement）及作为本书模式基础的有效教育实践研究记录研究（DEEP）的焦点。“学生参与是指学生在活动上花费的时间与精力，而这些活动实际上又与大学想要获得的产出和激励学生参加这些活动的努力相关。”（Kuh, 2009, p.683）在区别学生参与和学生投入过程中，沃尔夫·文德尔、沃德和基尼兹（Wolf-Wendel, Ward, & Kinzie, 2009）罗列了阿斯廷（Astin）投入理论对学生事务的几点贡献：

- 投入理论强调学术的、课外的环境及课程外活动。
- 投入理论以个体及个体参加的活动为中心。
- 投入理论为研发项目和其他手段以赋予学生更多机会建构大学生活提供基础。

64 - 学生投入研究与几乎所有的大学正面产出相关。（p.412）

这样，学生投入就为构建大学校园课外学习提供坚实的理论基础。

组织理论。高等教育机构已被描述为管理者和教育者的二元等级组织（见表 4.2）（Alpert, 1985; Birnbaum, 1991; Manning, 2013）。这种二元结构在学术课程外模式中尤为显著，因为学生事务教育者的文化、操作方法和实践标准都与教师大不相同。

表 4.2　高等教育中共存的行政与教学机制

组织元素	教学	行政
结构	流动的	严格的、稳固的
权威	专家、去中心化的，源于学科与专业知识	授权、中心化，源于地位
任务	模糊的、易变的、多元化的	一元化的
关系	自治的	彼此关联的
目标	教学、科研与服务	完成机构目标及维持行为标准
机构目标	首要的	次要的
环境	联合或寻求与国内外社区联合	联合或寻求与当地社区的联合
与其他部门的连接	独立的	松散且相互依赖的
更替	更替不利的	将更替视为完成机构目标的方法之一
服务期	终身制的	非终身制的
效能测量	教学、科研与服务产出难以测量	要求有可测量的产出

来源：曼宁（Manning, 2013）；转引自阿尔珀特（Alpert, 1985）和比恩鲍姆（Birnbaum, 1991）。

院校中等级或行政“面”的特征为标准化、常规化及协调化，而院校中教学与学术“面”则采用决策一致性、平等的领导制度及专家权威。将这些理念应用于学术课程外模式，大学生活就可分为社会心理的课外行政与学术研究。两种相异的组织形式影响到院校内学生学习目标的整合。教师采用与行政管理者不同的话语机制，二者之间的交流受彼此相左的实践标准影响。两“面”的目标通常不一致——有时甚至相互矛盾。二元结构导致出现了不同的课内外目标及实践。同一院校内不同的社区成员通常否定课外投入的、学术课程外活动的地位及叙述大学生活的语言的重要性。这种否定随着学费及相伴随的课内外要求的增加而扩大。因此，学生的时间倍受珍视。 65

由于两种相异组织方法的存在，学术课程外模式作为实现学术目的和目标的单独方法就不足为奇了。以此种方式审视院校的缺点在于，相比于教师与员工担任的课内与课外课程的显著区分，学生只能从整体上体验大学生活（Kuh, Schuh, Whitt, & Associates，1991）。惠特尼（Wheatley, 2002）和左哈（Zohar, 1997）的定量组织理论指出该二元方法的另一缺点。当前的组织模式强调连接、动态化、合作及注重整体。艾伦及杰瑞（Allen & Cherry, 2000）将这些定量方法与学生事务实践联系在一起。由于后现代院校处于且工作在一个定量之中，它就要求：

> 学生事务员工施展才华、在实践中做必要改变、发展新能力、挑战传统的工作方式和发展新关系，以影响机构领导和转型。这样做的话，我们
> 66 就需要在关联、影响改变、学习及领导上找到新方法。（p.22）

未来组织功能具有整体性而非独立性。布朗（Brown, 1972）预见了此种处理学生事务组织和实践的整体性方法。

> 学生人事工作人员应该认识到，他们只是处理某一部分学生的事务。与教授认为学生自我不会影响其学术发展一样无效的是，学生人事工作人员认为可以撇开学生学术生活而有效地处理学生发展问题。（p.38）

在给负责学生事务的副校长（Vice President for Student Affairs，VPSAs）及学生事务长的报告中，关于获得高质量学生事务实践的组织效能和结构方法的争论被提及。（为讨论方便，例子中只使用副校长。）在课外模式中，学生事务通常被组建成一个单独部门（见图 4.1）。主管学生事务的副校长与其他包括发展、财政、行政和学术在内的其他院校行政人员地位一样［尽管桑迪恩（Sandeen, 1991）观察到通常主管学术事务的副校长的“地位比其他人要略高”］。该直接汇报结构的优点在于：（1）学生事务和学术事务重要性的同时认
67 可；（2）独立的财政与资源分配；（3）直接向校长提出学生事务项目和政策的机会；（4）成为校长班子成员，从而参与全校范围的决策。

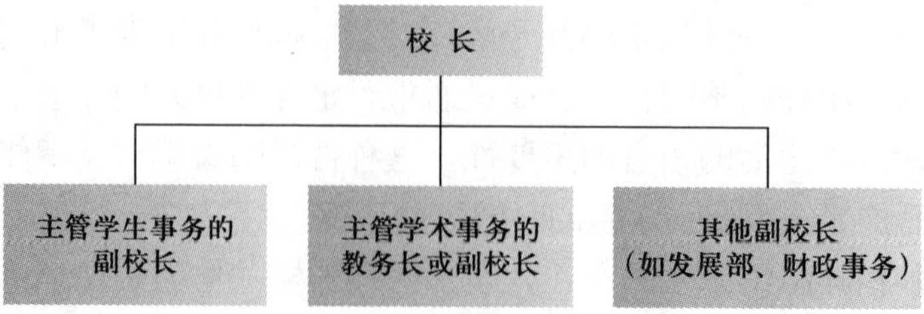

图 4.1 作为独立部门的学生事务

在有效教育实践研究记录研究院校中，那些取得比预期要高的学生参与和学生成功的院校都未将学生事务视为独立的部门。在该研究中，只有一所院校采取学生事务副校长直接向校长汇报的模式（NSSE, 2003e）。相反，主导模式是学生事务副校长向教务长或负责学术事务副校长汇报（见图4.2）。通过这一建构，学术事务和学生事务目标在此组织结构中相互交织。

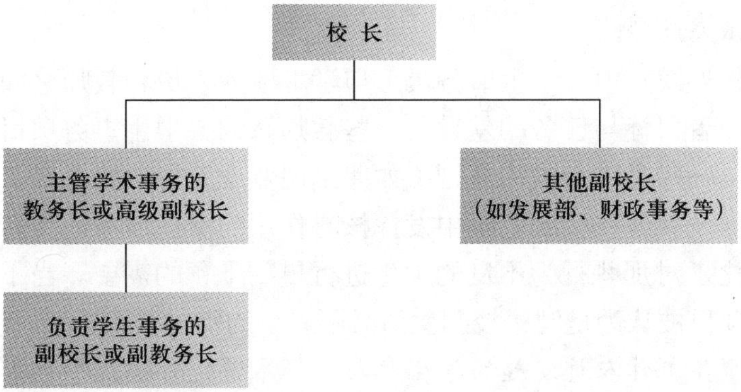

图4.2　作为学术事务分支的学生事务

学生事务副校长向学术副校长或教务长汇报模式的优点包括：（1）增加学生事务和学术事务的合作机会；（2）减少学术事务和学生事务对资源结构的竞争；（3）学术人员对学生事务目标的潜在支持。在讨论高级学生事务人员［桑迪恩将之称为学生事务长（chief student affairs officer, CSAO）］的角色时，桑迪恩（Sandeen, 1991）指出了高级学生事务与高级学术事务人员结合的重要性。

> 学生事务长之于高级学术管理者几乎就如他之于校长一样重要。如果学生事务长和高级学术管理者在教育、大学与学生关系上存在很大分歧的
> 话，学术事务和学生事务之间的分裂极有可能发生……学生事务长与学术 68
> 事务管理者的结合应该是……为学生教育共同努力，如此大学生活就可被视为一个整体。（p.27）

学术课程外模式的特点

学术课程外模式体现了下列设想：

（1）可能与学术目标相矛盾的独立实践；（2）学生事务员工发起的项目、服务、环境管理及其他调节；（3）学生发展和学习的课外环境；（4）将学生事务视为独立于学术事务的组织结构。

可能与学术目标相矛盾的独立实践。当学校及其校长说服教师去承担对学生行为的学科责任时，学生事务领域应运而生。这些职务逐渐演变成男事务长与女事务长（Dungy & Gordon, 2011; Schwartz, 1997, 2002）。学术课程外模式从最早的学生事务与学术事务混在一起的学生人事模式中分离出来。随着一些领域中教师先前全职参与变成受命参与，该领域随后又被切分成独立的学生事务与学术事务（Fenske, 1989）。由于学生事务变得越来越专业化，两个领域之间的交流也越来越少。

学术课程外模式中，学生事务员工与学术事务人员和教师之间可能不存在交流互动。二者目标与任务的差异使一些教师认为，学生事务项目与调节是多余的。然而，一些轰动全国的悲剧（如弗吉尼亚理工大学枪击案）使大多数教师、行政领导及其他在校园危机中发挥核心作用的学生事务人员转变思想。这些悲剧也强化了对那些行为不良的学生进行早期干预的需要。当下，生动丰富的学生事务项目被认为是健康校园生活必不可少的组成要素。

69 **由学生事务工作人员发起的学生参与。**学术课程外模式中，学生事务人员负责对服务、项目及环境做出选择，以促进学生的教育。虽然学生担任准专业或半专业工作人员，但是要由全职员工管理该结构、过程及参与成果的总体方向。专职工作人员则决定人事布局、政策制定及课外模式的最佳实践方式。此种情况下，学术课程外模式的中心是课外活动、项目和服务而非学术或学生计划。

这些年来，人们一直在讨论和改善学生事务实践中以工作人员为重点的方法的局限性及具体行动。其要点可见于学生事务领域中几个旷日持久的争辩。应该直接还是间接指导学生社团和组织？学生是否有权决定共用区域标准或者是否存在一些最低标准，尤其是关于宿舍（例如，肃静时间和饮酒），以便在此基础上增加其他标准？如果学生事务工作人员在教育实践中更加成熟、老练及知识渊博，他们会为学生谋求福祉吗？对学生需要承担（及不需承担）的责任、实践标准的局限及自身与学生角色的细微差别，学生事务工作人员经常为这些问题所困扰。

学生课外发展与学习的无限可能。学生事务实践中，学习的一个独特之处在于，会有无数个发挥学习潜力的机会。通过项目、服务、环境管理、政策及其他学生事务教育者能实施的方法得以实现的学习和发展不受时间或地点的局限。所有校园设施和环境都能为学习提供机会，因为学生事务教育者雇用了专门人员（如校园中心经理），在看起来平凡的校园便利设施（如食堂）中添加学习方案及创造机会以化解学生危机（如学生死亡）。学生事务的全天候服务性质意味着学习和发展的机会随时随地都能获取。

学术课程外模式的优缺点

与当下对学生事务与学术事务合作的重视（Cook & Lewis, 2007; Kezar, 70
Hirsch, & Burack, 2002）相比，尽管学术课程外模式看起来可能已过时，但在当时却十分适用。由于学术课程外模式，学生事务的优点得到发挥，因为该模式：

1. 允许培养学生事务功能领域专家。
2. 鼓励在学生事务部门与单位内将财政与资源分开使用，以作为部门发展的一种手段。
3. 使教师能根据自己的意愿将工作重心放在教学、科研与服务上。
4. 允许发展那些在与学术事务密切合作情况下极有可能得不到发展的项目、服务及政策。
5. 为院校发展学生在学术以外的学习、领导力及发展机会创造条件。

学术课程外模式中，学生事务管理的某些领域如学生活动和住校生活（尤其是在社区建设和社会项目区域）已经蓬勃开展起来。迎新会、学习服务、学术咨询及职业发展，这些与学术目标有密切关联的领域，在结构和指导思想上与课外型模式并不十分兼容。

学术课程外的投入与在学率、对院校的满意度和学术成果之间的关联越来越密切（Flowers, 2004; Foubert & Grainger, 2006; Pascarella & Terenzini, 2005）。在社会融合讨论中，廷托（Tinto）（1993, 2012）的在学率模式尤为关注学生课外生活。由于学术课程外模式内的一些实践，志愿者服务与有偿学生领导者机
遇带来的领导力发展得到实质性落实。长久以来，学生对院校的满意度和在学 71
率上取得的有益成果的攀升都与课外型模式相关的学习和发展有关。课外习得的领导技能、知识与经验带来的成果价值一直都是巨大的。学术课程外模式十分注重社区建设，这是大学生活的重要组成部分之一。学生宿舍、社团、走读生项目及任何相关大楼活动都是建设社区的方法。

尽管学术课程外模式取得了成功，尤其是在学生事务领域形成之初，但存在的一些缺点表明，此模式可能需要用较新的模式更新替换。这些缺点包括：（1）学生事务与学术事务之间缺少整合；（2）未能实现人的全面发展；（3）过分依赖以个体为基础的方法；（4）大学目标的混淆。

学生事务与学术事务之间缺少整合。布朗（Brown）质疑学生事务实践中课外型模式，称“当高等教育强加工作人员以专业职责时，高等教育就已步入

歧途了”（1972，p.37）。学术事务与学生事务在教育功能上的分治带来的困惑引起了关于学生事务重要性的争论。许多人抱怨，学生事务工作人员通常都被当作二等公民对待。而有些人认为，他们的任务和课程及课内教学的学术任务一样有教育价值，因此，应当一视同仁。《学生事务视角》的作者们（NASPA, 1989）就质疑过这种“一视同仁”观点。

> 院校的学术任务尤为重要……学生事务不该与学术事务竞争，也无法取代学术事务。作为教育事业的合作者，学生事务应增进且支持学术事务。（p.12）

尽管一些人认为上述观点将学生事务置于附属位置，但 1989 年的《学生事务视角》呼吁学生事务与学术事务间的合作和整合。这一提议在《学生学习是当
72 务之急》（1996）及其他政策报告（Keeling, Wall, Underhile, & Dungy, 2008; Kuh & Ikenberry, 2009）中得到回应。撇去此场争论中的个别意见，学术课程外模式（及本章后面将涉及的辅助课程模式）没有完全整合校园学习，此点显而易见。

未能实现学生全面发展这一理念目标。学术课程外模式作为一种与学生合作的方式存在的致命缺点是，课外活动只适合一部分而非全部学生。该模式只对纪律委员会的两端尤为适用：参与度高的学生领袖或频繁违纪的学生。学生事务员工花费大量时间和精力去应对这两类学生。但是，

> 对大多数从未见过咨询师的学生，或从未在寝室制造麻烦的学生，或从未当过领袖的学生，该如何是好？他很少与学生事务员工接触，且他的生活方式只能间接地（如果有的话）受到学生人事服务或政策的影响。（Brown, 1972, p.37）

诚然，相比于课外型模式中的方法，学生事务领域发起者与早期理论家采用更为宽泛的方法。

过分依赖以个体为基础的方法。作为学术课程外模式中最为显著的方法，一对一模式限制了员工与全体学生交流的能力。早在 1972 年，布朗就曾提出过这一缺点：“当下学生发展项目与学生事务功能的一个主要缺点在于它们只对一部分学生有直接影响，且对学生学术生活没有任何作用。”（p.43）新科技的介入（如网站、电子邮件）缓和了只关注一部分学生的现象，但这一缺点还是存在。尽管所有学生都在某种程度上受到学生发展的项目、政策或方法的影响，但学生事务员工的时间还是用在极少数学生身上。由于财政减缩与“更多

关注少数人”需求的激增，这一问题在当下变得更为显著。

大学目标的混淆。校园中，一些学生积极（有时可能过度）参加校园课外活动，学生事务员工在与这类学生共事时，经常要面对维持平衡的挑战。尤其对于年轻的学生而言，课外活动、领导者职务及学习要务可能常常比学习、参 73
加考试以及完成学术任务更加有趣和更有吸引力。由于强调社交与情感发展，学术课程外模式本身就比许多智力培养课程要有意思，这就容易造成上述误解。如果这样的话，学生可能无法认识到学术任务的重要性。当学术课程外的活动的重要性大于学术课程时，大学的本质目标已经丧失。学生和学生事务员工就是这种情况。学生事务员工、学生及教师必须通力合作实现高等教育的最终目标，以避免这种混淆。

第二节　辅助课程模式

辅助课程模式从学术课程外模式演化而来，它更加强调课外经历的教育与发展价值。该模式与学术课程外模式的不同之处在于，前者与学术课程处于同等地位，而后者是学术课程教育活动之外的，或对之补充，或与之无关。从这一层面看，学生事务能完成的教育目标十分重要，该目标不是“多余的”而是与学术目标一致。

该方法处理学生事务工作的实例如下：

> 美国东部大学（Eastern University）的高级学生事务员工在暑假即将结束时召开会议，为新学年做准备。员工致力于为学生提供教育实践。会议的目的在于，围绕两三个主题为学生确认新学年的一系列机会。以下主题在这项工作中应运而生：以发展领导力为基础的学习、多样化的实践及社区服务。部门中每一单元的领导都同意围绕这些主题为学生 74
> 制定一系列项目及其他实践。这些实践包括：为组织管理者而设的领导力培训项目、由项目办公室赞助的导师计划、一系列针对住宿生的社区服务活动。大家一致认为，这些计划将对学生新学年的课外成长大有裨益。
>
> 同时，高级学生事务领导者也召开会议，审视新学年教师发展的重点领域。他们认为，新学年教师发展项目应强调以主动学习和真实环境下课堂学习应用为特征的教育技能。他们同意与其部门领导和教师合作，提升新学年乃至以后学年中正规课程的上述维度。

辅助课程模式的理论基础

辅助课程模式的理论基础与学术课程外模式相同：学生心理发展、领导力理论、学生投入及组织理论。两种模式之间的区别在于如何运用这些理论。辅助课程模式中，学生事务员工将其活动与学习目标和发展目标联系起来。从这一角度看，专业的学生事务员工能阐明与学术课程并列的学生事务课程的教育成果。

辅助课程模式的特点

在学生事务和学术事务互相分离这一点上，辅助课程模式同学术课程外模式基本上如出一辙，但辅助课程模式的引入开创了学生事务员工一直都是教育者的理念。在假设学生事务项目是教育性的前提下，课程辅助不只是对必要服务的管理。由于善于为学生创作项目以供其学习，项目、服务、环境管理及其他学生事务计划已经成为学生发展、领导、参与和组织理论的基础组成部分。这些教
75 育实践尽管与教师、课程及学术事务的学术活动并流，但仍旧与它们互不相联。

互补但又彼此独立的任务。该模式中，学术事务与学生事务的任务彼此不同，但都承认彼此在学生生活中所做的贡献。学生事务注重学生课外发展，而学术事务则聚焦学生课堂所学。学生在这些正式课程之外所学的十分重要，但次于他们在课程内所学的。这与学术课程外模式中一些活动和项目不同。有人认为，高等教育中一些课外活动和项目没有足够的教育价值。

独立工作。学生事务与学术事务彼此独立工作，但不同部门间的员工在一些重要问题上会相互沟通。例如，每年秋季为新生而设的联合迎新会委员会。委员会成员意识到，学术事务与学生事务在迎新会过程中都发挥作用，并且要为每一部门留足时间提供学生实践。但是，设计迎新会日程安排更多是考虑避免时间安排冲突而非通力合作，方便学生从多角度获取知识。

评估活动。辅助课程活动由于独立于学术活动，因而可以在辅助课程模式中进行评估。评估活动将学生事务和学术事务分成两个独立的领域，分别采用不同的方法对课堂内学生学术学习和课外学生事务活动进行评估。同一院校中两个领域的学习目标可能会有所重叠，但那纯属巧合而非事先筹划好的。

组织构型与汇报体系。辅助课程模式中的汇报体系可能与学术课程课外模式相似：学术事务由学术事务副校长负责，而学生事务则由学生事务副校长负责。两位副校长直接向校长汇报。两位副校长只是同僚关系，尽力避免思想和教育上的协作（见表 4.1）。

76 *对学生学习的贡献*。学生事务员工在教育活动中努力发挥作用，但仅限于

他们自己的影响范围内。学生事务部门可有一套构想完善的策略方案。该方案概述了学生学习目标，但它并不与包括教务长、主任及其他学术领导者在内的学术单位协调合作。学生事务员工以他们自己的方式制定学生学习实践，而非尝试与教师或学术事务员工合作。为住宿生制定的社区服务项目就是其中一例。宿舍管理员与邻镇的社区领导保持密切联系。他们在各种社区负责项目中开始与这些领导合作。这些项目是成功的，参与其中的学生从中受益颇丰。宿舍管理员并没有想过要与社会学系联系，以确定他们是否有意将这些实践纳入其课程中以及可能制定学习－服务项目。组织文化是不会那样运转的。

工作环境的界限。尽管大家一致认可，校园中所有部分都对学生学习产生作用，但给不同部门的员工划分能将其学习活动付诸实践的领域是有必要的。例如，教师不会考虑提供以宿舍为基础的项目，他们不会乐意与学生在宿舍中共同进餐，即使有人邀请他们这样做。学生事务员工也不会计划提供学分项目，即使院校人事政策规定他们可以那样做。正式课程与辅助课程界限分明，重叠现象只在少数情况下存在。

辅助课程模式的优缺点

与学生实践中所有的模式一样，辅助课程模式有其优点，这使它适用于一些院校。这些优点包括：学习成果与教育任务、作为教育者的学生事务和丰富校园生活的潜能。

学习成果与教育任务。课程辅助模式的引入促使学生事务员工并非只是管 77
理者这一理念的形成。他们是教育者，有责任为其参与的活动、计划设定和实现学习目标。辅助课程模式中，学生事务员工认为这些学习任务与学术学习目标相异但同等重要。这些学习目标的实例可从以强调学生心理成长的学生发展理论中探知。

作为教育者的学生事务。辅助课程模式与学生事务领域的历史不谋而合，因为它有着独特的教育使命。正因如此，学生事务员工通过其项目开发者、咨询师、管理者及其他身份来践行其教育者的教育使命（Brown, 1972）。

丰富校园生活的潜能。早期组织活动、文学社及兄弟会的学生都明白，一个健全的校园和学生生活光有学术是不行的。校园中的课程协助活动能构建强大社区、传授学生生活技能及创建生动有趣的学习和工作场所。

该模式的缺点和学术课程外模式一样：未能实现全部学习、学术社区未联合、学生事务与学术事务之间合作不完整和学生由于缺少整合而可能遭遇挫折。

未能实现全部学习。当学习被分割成课内与课外时，用一种更为协调的方法去整合与综合是不切实际的。

学术社区未联合。当教师和学生事务员工只关心自己分内事时，社区难以联结成一个整体。大家都不会致力于整体学习环境建设，社区会被割裂成碎片。

学生事务与学术事务之间合作不完整。当学生事务与学术事务未展开合作时，学习环境内可能的综合就会丢失。然而，更为实际的是，协作的缺乏意味
78 着投资不足的资源都被白白浪费了：项目重复开展，本可以通过各类合作节省下来的资金被耗费，设备和其他资产未得到共享。

学生挫折。辅助课程模式的一个重要缺点便是学生挫折，这是该方法的副作用之一。如前所述，学生不懂得严格区别其学习活动的界限，他们更不可能像管理者和教师那样划分课内与课外学习的界限。当学生遇到的模式或组织结构与其体验或理解的院校不同时，挫折感就会随之产生。学生事务和学术事务同为院校整体学习目标的组成部分，却不能兼容，这个问题可能会一直困扰他们。

早在 1972 年，学生事务研究者就曾指出，学术课程外模式与辅助课程模式需要休整。将学生事务和学术事务区分开来，对这一没有必要举措的不满可见于布朗（Brown）的观察（1972）：“过去学生智力与学生发展并行开展，但近来，理论家又建议他们应当彼此相连。”（p.29）

这些课外型模式在哪里最有效？

课外传统型模式适合下列几类院校。第一类院校是住校学生人数众多，且他们能随时使用校园设施以最大化地利用课外资源。这些院校的校园文化就是为了满足学生对大学校园的各种期待。学生一来到学校和宿舍就能立刻参与学术课程外及辅助课程活动。

第二类十分适合该模式的院校是那些采用传统学生活动和事务方法的院校。那些依托心理而非学习视角的学校将会配备专家。这些专家会对社交活动的重要性、社区发展中潜在关系建设和课外活动中可能的情绪管理进行建构。

79 该模式不是特别适合或根本不适合以下几类院校。在不提供住宿的及（或）住校人数不多的院校中，工作人员可能难以操作课外型模式。那些与家人住在一起、在外租房或住在学校公寓式住宅的学生可能很少参与学生事务员工自由组织的活动、项目和服务。当学生有校外活动如工作、家庭或其他兴趣时，他们可能很难全身心地参与校园活动。除去其他活动，这些学生中一部分人会发现课外活动不是那么适合他们。莱文和库雷顿（Levine & Cureton, 1998）发现，这些有特殊情况的学生更愿意将学校的服务和项目视为银行（尤

其是 ATM）而非课外模式中采用的“全套服务”方法。课外型模式中需要学生花费的时间和精力可能对走读生和有特殊情况的学生不适用。

最后，尤为注重学术的院校可能抵触学生事务实践中的课外型模式。学生在十分强调学术目标的院校中必然要将其精力放在学习上。而在这种环境中，学术面临的挑战可能就是参加课外活动。本质而言，学生考入这些院校就是为了学习和完成学术目标。课外活动在这些院校是次要且（或）多余的。

结　论

不管学生的教育和社会背景如何，参与都会增加他们实现其教育及个人目标、获取迎接 21 世纪挑战的技能和能力，以及学士学位带来的智力与财力优势的机会（Kuh, 2009, p.698）。

尽管本书中的有效教育实践研究记录项目提到许多实现学生参与的方法（Kuh, 80
Kinzie, Schuh, Whitt, & Associates, 2005/2010），但被研究的院校中没有一所院校是采用学术课程外或课程辅助模式。事实上，该项目中一个有意义的发现是，这些院校中教师及管理者（包括学生事务员工）采取的是一个全面的、合作的方法来践行学生参与。促使学生参与和成功的活动并不能硬生生地切分成课内、课外两个部分。相反，参与是院校所有部门都要承担的义务，关于界限与角色的假设被削减，以便能通力合作促使学生成功。

学生参与中有两个关键部分导致学生成功。第一个是学生在学习和其他活动上投入的时间和努力，这些时间和努力能带来构成成功的经验与成果。第二个是院校如何分配资源及组织学习机会和服务，以吸引学生参加并从这些活动中获益（Kuh, Kinzie, Schuh, Whitt, & Associates, 2005/2010）。该定义尤其未将有教育意义的活动划分为课内和课外两部分。

自殖民地时期建立高校开始，美国高等教育一直都在全天候运转。学生住在校园内，在校园餐饮设施中就餐，在校园健身房中锻炼，在学校通宵达旦地学习。尽管对服务的期望由来已久，但对强调这些服务的学习目标的假设并不总是被提及的。有人可能认为，将学生学习引入学生事务会扼杀学术课程外模式。如果无缝学习就是那个目标，那么课内和课外学习之间的界限就变得模糊了。所有校园环境都为学生学习和发展做好了准备。有效教育实践研究记录中的数据表明，高参与度和高毕业率的院校都没有区分课内和课外学习。教师和学生事务人员通力合作，服务于同一个目标——学生学习。

尽管对于一些院校来说，学术课程外及辅助课程模式与学生学习之间有显著联接，

81 但该联接仍存在大量困难。课外型模式的一个基本假设就是社交 / 情绪与认知习得的分离，至少他们以前是这样实践的。尽管社交 / 情绪方面的学习肯定是有价值的，但高等教育的首要目标在于学术目标（或认知发展）。作为首要目标的认知发展与作为次要目标的社交 / 情绪发展之间的差异已经成为众多关于学生事务是二等公民讨论的源头。关于学生学习的讨论已经带来困惑：学生事务工作人员是否需要在课堂内教学，以及教师是否需要在课外教学。

随着被认可的实践逐渐从学术课程外及辅助课程模式中撤离，高校为何还要使用课外型模式？正如本书中讨论的所有方法一样，高校的环境、历史及教育目标决定了特定背景中适合使用哪种模式。

讨 论 题

- 学术事务和学生事务目标是什么？是否可以整合学术事务和学生事务？
- 学生事务员工从事实践的指导思想是什么？他们认为自己是教育者、管理者、发展专家还是其他什么？
- 学生主体的性质是什么？他们来到大学是专门为了在课外环境中发展领导力及其他技能的吗？
- 教师对学生的课外生活有多大的兴趣？学生事务人员又对学生的课内生活有多大兴趣？两个团体之间是否存在合作的可能？
- 是否有妨碍学术事务和学生事务目标合作的高校特征（如规模、复杂性及历史）？单独行动是否能更好地实现两者各自的目标？

第五章

管理型传统模式

学生事务副校长对自己创办的学生事务部门感到非常自豪。学生事务 83
部门以组织理论、管理原则和领导力理论为坚实基础，已成为院校管理效率和效能的典范。尽管学生事务副校长的教育背景及培训包括学生发展与咨询，但其专业指导思想更倾向于学生服务。学生事务副校长在学生事务领域经验丰富，深知“学生发展”这一新概念并不会受到上级领导的青睐。在学率、财务责任及战略规划才是其现实中的管理要务。

以管理为中心的理念

上述故事中学生事务副校长的做法是处理学生事务众多可能方法中的一种。一些专家坚持以学生为中心的方法，而另外一些专家则认为，通过创建合适且能熟练地为学生组织服务、项目、政策及其他计划的组织和管理框架，学生能获得最佳服务。多年以来，在处理学生事务的方法上，学生事务领域总在管理型与发展型之间徘徊。

随着时间的推移，学生事务实践管理演变成两种方法：服务和发展。前者关注项目及服务的实施效率以满足学生的一系列需求，后者则注重精心设计项目与服务以求达到理想的学生产出。（Javinar, 2000, p.86）

本章讨论管理型学生事务实践方法（见表 5.1）所论及的两种模式——职 84
能条块与学生服务——将管理和组织置于学生事务实践的中心位置。

表 5.1　学生事务实践模式

传统型	创新型
课外型	学生型
学术课程外	关怀伦理

续表

传统型	创新型
辅助课程	学生导向
	学生能动性
管理型	学术型
职能条块	学术–学生事务合作
学生服务	学术导向
学习型	
竞争对抗	
无缝学习	

管理型模式的历史与设想

学生事务源于两种相似的目的——学生指导（如纪律与代替家长责任）和管理需求（Appleton, Briggs, & Rhatigan, 1978）。20 世纪 60 年代后，这两种目的开始分道扬镳，尤其是在理解学生事务功能上。采用指导方法的院校将咨询与人的发展作为其基础，而采用管理型方法的院校则将管理视为组织项目与功能的精髓。学生发展模式与理论可能只是组织理念的一部分，主导性影响则是行政、领导者与管理。

关于学生事务的传闻，无论是真还是假，都相信院校规模尤其决定了学生事务部门员工是否采用管理型学生事务实践方法。换言之，大型院校侧
85 重于管理型，小型院校则更多关注个体而非行政体制。我们认为，管理型模式的应用与本书中其他模式一样，并非由院校的类型决定的，而是由具体院校的独特特征、先前采用的学生事务实践方法以及行政中领导者要务所决定的。也就是说，院校特性将决定学生事务实践模式使用的指导思想。我们认为，任何一种学生事务实践都需要与其院校的目标相一致。因此，有些院校更适合管理型，而有些院校则更适合发展型、学习型及其他类型的学生事务实践。

管理型模式的理论基础

管理型模式源于学生事务在教育实践领域的专业化。学生事务功能在其奠基性文件（ACE, 1937, 1949）中已被论及。学生事务功能从一开始就是多样化和专业化的。

管理型方法的科层组织基础。管理者有大量的组织理论与模式来理解和指

导其实践。教育组织理论家将组织理论运用到各种组织类别中：有组织的无政府状态、院校、政治、文化、官僚体制、新科学、女性主义者及宗教（见 Birnbaum, 1991; Manning, 2013）。管理型模式是以科层模式为管理组织的指导。

科层组织理论首先由韦伯（Weber, 1947）提出，至今已经成为西方最为流行的组织结构理论。高等教育组织自然比其他组织更常使用科层模式，尽管许多人（见 Baldridge, Curtis, Ecker, & Riley, 1980; Cohen & March, 1986）认为政治模式在理解院校上更为有效。尽管取得的成功层次各异，但每个管理者和学生都知道如何与科层协商。学生抱怨地将之称为“繁文缛节”，管 86
理者知晓如何“把事情做成”，而深谙政治的人则通晓绕开科层规定的办法。尽管组织中绝大多数人不喜欢科层管理，但其管理逻辑却为实现学生事务实践提供了理念和组织框架。科层体制反映了学生事务与管理实践之间的特殊矛盾。

专业化、碎片化与整合。科层体制被定义为功能专业化的组织（Manning, 2013; Morgan, 1997）。设立服务专门目的的办公室。工作职责被撰写出来以廓清员工责任。随着科层体制变得愈加成熟，其功能也变得日益专业化。有些人将之称为“僵硬化”。当部门间难以协调功能及派遣学生时，科层体制内固有的专业化倾向会导致繁文缛节的产生。当繁文缛节大量存在时，不同部门提供的服务就不能相互协调，交流也因此受限或者根本不存在。尽管这些功能间存在着内在联系，但这些办公室却独来独往——可以将它们称为孤立的职能部门。

尽管专业化是科层体制运作的主要力量，但整合这些专业化的功能同等重要。一体化主要通过协调产生。实现协作的方式有：社会化、交流、文化产品、标准化操作过程及筹划。在典型的科层体制中，协作是通过命令与监督机制链、小组与个人会议，以及通知组织成员之间相互行为的交流模式实现的（Blau, 1970/1973; Simon, 1957; Weber, 1947）。

学生事务历来十分注重协作。在学生事务奠基性文件《学生人事部门视角》（ACE, 1937）中，协作被重点论及。尽管受出版篇幅限制，作者们还是花费大量的笔墨论述学生服务功能之间协作的重要性。在《学生服务：职业手册》（*Student Services: A Handbook for the Profession*, Delworth & Hanson, 1980, 1989）和《高等教育中学生事务功能》（*Student Affairs Functions in Higher Education*, Rentz & Saddlemire, 1988）等几种学生事务领域早期著作中，学生事务功能就按照区域与话题分别加以描述。同样，这些著作在从事学生事务实 87
践时采用分门别类的方法。该方法的弊端在于，当人们将其功能区域视为单独而非相互关联的学生服务领域时，碎片化就产生了。通过专业化，功能之间变得相互分离且彼此独立。

公共与私人。不同院校部门之间实行专业化并廓清界限的强烈要求与将院校生活切分成公共与私人生活的做法大同小异。私人总是与女性特征有关，而公共则与男性特征有关（Collins, 1986; Harding, 1987, 1991）。女性主义理论家认为，女性应该占据公共领域，并呼吁去除私人不在公共范围之内的思维障碍。事实上，“私人即政治”这一由 20 世纪 80 年代女性主义者提出的振奋人心的呼吁表明，公共与私人之间的分离是随意且不正确的。

学生事务教育者长期在私人与公共之间互换。他们处理明显带有私人性质的学生问题：健康、家庭、关系及其他。在有效教育实践研究记录中，缅因大学法明顿分校：

> 已经创建一种将私人与工作生活和谐相互的环境。学生在这个小社区里能定期见到教授专家，因此，他们有许多随意交谈的机会。这些频繁的接触也强化了学生在教师心中的身份。（NSSE, 2003g, p.43）

由于学生事务长期委派给女性或被视为女性事务，公共与私人之分就成为该领域一个值得探究和深思的部分。女性在教育领域的主导地位自然也反映在学生事务领域，至少反映在高等教育的非行政层次中，女性的数量远大于男性。由于公共与私人之间长期存在的重叠部分，学生事务管理者在处理此种矛盾时通常采用的方法之一便是建立两种实践模式：行政管理及咨询或发展。

中心化与去中心化。科层体制除了会导致细化与碎片化的趋势，还会带来
88 中心化与去中心化的结构性矛盾。理论上说，科层体制寻求功能中心化。如果你能联想到标准的金字塔风格组织图示，你就能想象出最顶端的人“掌控一切”（见图 5.1）。

至于听取整个部门汇报的那个人，你可能认为，这个站在“顶峰”的人有权知晓任何交流与信息。此种推测常见于校园危机中（如运动员丑闻）。经历这种危机的副校长可能会被辞退或被迫辞职，因为受托人、学生、家长及当地社区成员认为他或她“理应知道其所在机构正在发生的事情”。尽管布劳（Blau, 1970/1973, 1972）在其关于科层结构的经典性研究中发现科层体制的两个有趣方面，但上述信条依旧广泛存在。第一个方面是，当交流随着科层等级
89 爬升时，信息变得愈加不可信。布劳（Blau）将这一现象归结为：很多人不愿意将自己的错误报告给上级。随着交流越往上层攀爬，事态的消极一面逐渐弱化，只留下原报告中不真实的积极一面。第二个方面是，尽管有关于“大的科

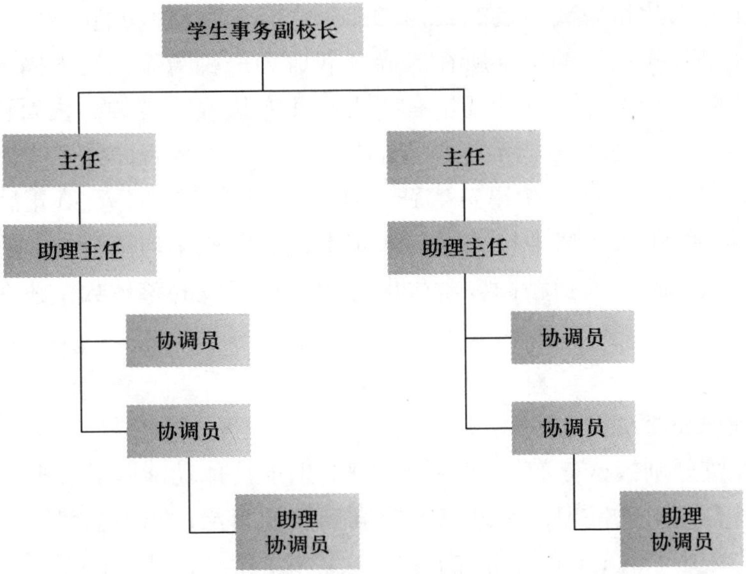

图 5.1　金字塔式组织结构

层体制”及其内在控制的传闻，布劳还是发现，相较于小的科层体制，大的科层体制中权力更加分散，也更不易于形成中心化集权。该趋势主要归于，职位性领导（即站在顶峰的人）不可能掌控散布在机构中所有的活动、交流及信息。相反，受信任的员工则受雇打探消息，并尽量少参与监管工作。财团丑闻（如 J.P. Morgan, HSBC, Enron）表明，关于科层内牢固控制的设想是站不住脚的。这种信条会置组织存活性与领导者成功于危险之中。

第一节　职能条块模式

学生事务文献中，哪个是最早使用“职能条块”这一术语的已经难以辨认。1996 年的《学生学习是当务之急》（ACPA）可能是第一个使该术语在学生事务专家间流行的文献，但这点仍值得商榷。该文献作者在以下语境中使用该术语：“与院校中其他单位相比，碎片化的单位像‘职能筒仓’一样运转：也就是说，与其他单位的有意义合作是偶然发生的。”（p.4）

对于住在有大片农庄的州或区域的人来说，筒仓是一种常见的景观。你在几英里外就能看到许多筒仓：它们就像哨兵一样竖立在地里。作为贮藏谷物及青贮饲料的设备，筒仓以一种新颖的方式提高了农场的生产力。然而，当你细看这些筒仓时，一个显著的现象是它们之间彼此没有联系。它们竖立在那，脱离其他结构（因此也脱离农场的其他功能）。它们在一种功能上可能运作良好，但这种功能是其实用性的全部所在。筒仓现成为一种隐喻，用来描述与校园其他办公室的联系断裂和孤立分离。有些人对此方法欢欣鼓舞，认为它是进行商业活动的最佳方法（见职能条块特点的短文故事）。然而，另一些人则认为此方法妨碍开展高质量的学生事务实践。在教育领域存在将近 50 年后，学生事
90 务在 20 世纪 90 年代热情地接纳科层体制中日益专业化与筒仓化的趋势。尽管有周期性财政缩减与人员精简，学生事务职位在高校的整体数量还在增加且分工仍在日益细化。

职能条块模式的特点

职能条块分割模式具有以下特征：（1）忠于具体功能区域而非泛指意义上的学生事务；（2）功能自治及通常的空间与资源自治；（3）监管、专业发展及多数目标的去中心化；（4）部门内竞争资源和学生。这些特征得到下面一种设想的有力支持。该设想认为，学生需要不同项目、服务及环境，而这些最好是由特征明显且相互独立的办公室提供。此外它还假设，不管部门间有无合作，这些服务、项目及政策都能够很好地或恰当地被实施。下面故事就说明职能条块分割的几种特征。

> 一个中等规模院校的宿舍主管开始加入一个大约有 8 个其他办公室的学生事务部门。他的部门——宿舍生活是学生事务部门中最大的辅助性单位。事实上，作为一种辅助性服务，宿舍生活与其他学生事务功能有着天壤之别。由于财政及项目差异，宿舍主管在部门员工会议上常常感到不自在。尽管在学生发展、调解学生及纪律协调上存在着一些共同目标，宿舍主管还是感觉到，他的部门需要一个与其他功能部门不同的管理方式。员工会议上，宿舍主管表达了他在工作中遇到的挫折，并称："有时我觉得我根本没有必要和你们交流。我的部门十分独特，它完全可以在院校财政责任、人事问题及视学生为顾客的需求上自理。"他更喜欢在财政和人事决议上自治。在部门尝试不同单位间合作一事上，他感到受挫。

正如这则故事所示，职能条块分割模式涉及权力与资源问题。如果资源供
91 给能够自主的话，一个部门是可以自立的。但是，如果资源是共享或依赖其他部门的话，这种自立及自治就不建议推行了。即便有了独立的资源，在选择不与其他员工合作建构职业社区上还是存在疑虑。事实上，有效教育实践研究记录表明，职能条块的形成不利于学生参与和成功。

忠于具体的功能区域文献。随着学生事务变得功能化（如宿舍生活、职业发展、咨询、活动），该领域的文献及学术知识也相应地细化。布利姆林（Blimling, 2009）认为，学生事务文献可分为四个实践区域："（1）学生学习；（2）学生发展；（3）学生服务；（4）学生管理。前两个区域基于教育视角考量，而后两个则源于管理视角考量。"（p.713）学生事务实践领域不同区域的专家如何接纳或抵制这些不同实践区域的学术知识，就变得一清二楚了。职业提升争论在是否需要强调学生发展或学生服务管理多于行政管理上已经展开了。一些学者（如 Bloland, Stamatakos, & Rogers, 1994）公开谴责过于重视学生发展的做法，并且呼吁用一种更为宏观的方法指导学生事务实践。现实中，作为交叉学科领域，娴熟有效的学生事务实践需要大量的学术知识来解读。然而，在具体区域，总是需要一些专门针对该区域的学术知识。学生事务领域的挑战就在于，创建能服务整个领域的基础学术知识及专门服务于特殊区域的专业学术知识。

由功能、空间及资源带来的自治。在任何校园内，自治多少之争可见于办公室的空间与场地分配。有效教育实践研究记录的研究中，一些院校为其学生事务办公室建构中心化的"一站式服务"。这些办公室通常位于学生中心或中心大厦，以最大化地为学生提供便利。中心位置的设计主要是为了减少"繁文缛节"及绕开由科层体制带来的常见问题。然而，这种集中式布局需要相互协商。当办公室共享同一空间时，员工在实施任何一个功能时都无法获得其想要 92
的物质空间来服务学生。该区域的经济可通过共享资源（如工作人员、财政）获得，这些共享的资源却难以满足每个办公室的需求。职能条块模式的特点就是独立而非共享的布局。财政、空间及资源都单独分配给独立于其他学生事务功能的办公室。职能条块模式中，共享资源是个陌生的概念。

监管、职业发展及目标的非中心化。与由功能、空间及资源带来的自治形式相似，监管、职业发展及目标在职能条块模式中是非中心化的。非中心化基于以下设想：员工与管理需要的学生事务功能和办公室是独特的。例如，宿舍生活的需求与学生活动的需求不同，而学生活动的需求又与事业发展的需求不同。监管也会不一样，不同的理论与方法需要不同的专业发展。学生事务实践未来几年面临的一个挑战是，该领域中哪些理论和理念因素是共有的，哪些又是每一个功能区域所特有的。

部门内竞争资源与学生注意力。职能条块的一个风险在于不同办公室及功能区域会就空间、人员及其他资源产生竞争。如果这些功能都是分散式的，成员之间极少联系且很少有共同的兴趣，那么以学生为中心、伦理、社会正义及无私等公共价值就会丧失。如果把这些价值归于功能区域的个别价值，那么学生事务领域成立之初的价值就会分散。领导制度能克制职能条块分割模式中的潜在竞争。学生事务中实行学生主任或副校长领导负责制能使部门免于解体为与部门整体目标脱轨的办公室。

93 **职能条块模式的优缺点**

职能条块模式第一个优点在于学生能够获得专家的帮助。这些专家专业知识过硬，通常与其领域中前沿问题打交道。他们与院校外承担相似工作的学生事务教育者有着密切的专业联系。由于这种模式强调专业知识，因此学生获得了高质量的服务和项目。这一专业知识也转化为高水平的专业精神。

独立自主的财政又被称为“责任型财政”，这是该模式的第二个优点，同时它又极易变成缺点。“各人自管自”的俗语就能描述该方法。现在流行的财政模式尤为适合职能条块模式。每个办公室，不管是辅助性服务还是基于公共资金的办公室，都要为其收入和开支负责。为运行该模式，自治与专业知识必须授予每间办公室。

该模式的第三个优点在于，能够提供清晰的管理与组织。由于依附专业化，部门内的工作与任务细化都变得清晰明了。与学生相比，管理者更能看懂这种细化，因为管理者更加熟悉建构在职能条块模式上的组织原则。学生尽管不明白科层体制设想，但他们可以用一种完全不同于管理者的逻辑进行思考（如按照时间顺序编排的功能、相似性的功能或在同一大楼中的位置）。因此，在和这一系统打交道时，学生会感到困惑，甚至沮丧。

除上述优点外，职能条块模式还有些缺点。最突出的一个缺点便是该模式是以行政为中心而非以学生为中心。由于学生事务的初衷及最终目的是服务学生，以行政为中心的方法会引发学生事务究竟为谁服务的质疑。

94 职能条块模式的第二个缺点在于，办公室专业化可能导致职业孤立。这种孤立很快就会转变成职业孤独与集体性丧失。由于这些因素，职业倦怠的可能性就会增加。一些孤立与职业倦怠源于理论视角与方法的同质性。任何单一文化及单一方法都可能弱于强调经历、方法即理论视角多样性的异质方法。

职能条块模式的第三个缺点在于，独立单位的存在意味着这些单位在财政缩减或方法更换时更易于消亡，因为这些办公室都彼此孤立且与校园内其他办公室联系不紧密，那些变化会导致整个部门迅速消亡。

最后一个缺点是，职能条块模式强调单一理论可能会导致员工的自我膨胀（见职能条块模式特点部分中关于宿舍主任的短文故事）。这种情况会导致学生事务员工忘记其部门之于学生及学术事务整体任务的重要性。

> 在一个拥有 5 000 名学生且不从属于任何宗教团体的私立院校中，学术事务与学生事务一直都实行分治。两个部门的人员称彼此为“屋子的另一端”，这种说法十分适合此种两分法。过去 15 年里，受诸如《学生学习是当务之急》（ACPA, 1996）及《重思学习》（ACPA & NASPA, 2004）等组织出版物的刺激，学生事务部门采用了一个与学术事务学习不同的学习方法。有时，在一些办公室（如学术咨询、职业发展）属于学生事务和学术分界线哪边这个问题上存在矛盾。有人认为，这些办公室明显属于学术事务，而另一些人则认为，这些办公室属于学生部门。由于该矛盾从未在思想及行政上得以解决，这些办公室也就在副校长与学生事务部门之间来回摆动。这些办公室划归何处也往往取决于个人（如副校长、组织成员）性格的强弱。

第二节 学生服务模式

第二种管理型学生事务模式是学生服务模式。该模式中，功能与服务通常 95
彼此不分家：财政援助、注册与录用；迎新会、学术咨询与入学；学术咨询、建议与残疾学生服务。一般而言，学生事务不管理这些服务和办公室。相反，它们与财务服务、学生账户及财务办公室合作。尽管，学生活动与宿舍生活等传统学生事务功能可能采用学生服务方法，但本章只探讨传统的学生服务职能。

学生事务模式的基本理念涵盖学生事务目的、服务标准、学生发展方法的必要性。学生服务模式的第一个理念指学生事务的主要目的是为学生提供服务而非发展教育。换言之，学生服务模式的支持者们并不认为所有的行政管理者、员工及教师都参与学生发展。这个理念引发一种想法，即学生事务中的学生服务和学生发展或教育可以相互分离。在任何以行政管理为基础的组织中，一些功能提供服务与便利以支持教育目标而非教育本身。校园目标中并不缺少学生发展，而是服务规定中没有发展性方法。

学生服务模式的第二个理念是，当便捷地组织和给予服务时，学生会更好地得到服务，也会更加满意。便捷且高质量服务存在的原因部分在于学生付费使用这些服务，但更为重要的原因是他们是校园社区的一分子。该理念的基础是学生。

> 学生喜欢使其与学校的关系像他们与银行、电话公司及超市的关系一样。他们想要学校开在离其住所不远的地方，并且在其最方便的时
> 96 间，最好是全天候工作。他们要的是便利：大量方便的车位（在教室里面也未尝不可）；不需要排队；文明、有益且高效的员工服务。（Levine & Cureton, 1998, p.50）

学生服务模式的特点

学生服务模式的特点如下：第一，学生根据定期而非每日原则使用该模式下的服务。学生有需要时就会使用这些服务。第二，院校通常会采用注册管理、总体质量管理以及其他来自合作部门的以客户为中心的管理方式。这些方式为学生提供“一站式”便利服务。第三，在学生服务模式中，学生与管理者之间的个体关系不如部门整体声誉重要。

定期而非每日原则。学生服务模式中，学生被视为顾客或消费者，他们有需要时就会使用这些服务。通常，他们对院校提供的服务质量（如选课困难）有个整体的看法，而这又决定了他们对校园生活是否满意。自 20 世纪 90 年代开始，总体质量管理（Total Quality Management, TQM）及其他从迪士尼借鉴而来的技巧被用来提升校园服务质量。这些方法的核心在于顾客满意度。服务实施的定期性并不会使这些服务的重要性次于那些日常服务。与学生的每一次交流，不管其来源与目的是什么，都为学生事务员工提供机会鼓励学生成长与发展。

“一站式”方法。如果想让学生又快又好地使用这些服务的话，必须考虑服务的空间布局。学生事务早就考虑过环境对学生学习的影响。早期校园生态运动（Banning, 1978）以及近期校园环境文化（Strange & Banning, 2001）都强烈呼吁将空间布局与学习及发展目标相匹配。“有效教育实践研究记录院校
97 将学生服务置于易于发现的中心位置，而非校园的边缘或进出口处。”（Kuh, Kinzie, Schuh, Whitt, & Associates, 2005/2010, p.314）

部门声誉。学生事务办公室以发展模式为基础，期望与学生建构个体关系。换句话说，学生服务部门打算关注学生公共而不是私人生活。该方法在下面的故事中得到例证。

> 一位名为约翰·琼斯（John Jones）的绿山大学 [Green Mountain University（化名）] 学生申请了学生贷款填补学费。他每个学期都到财政援助办公室签署文件、办贷款以及将钱汇到本人账户上。他的家庭情况较

为复杂，父母离婚且各自付钱给学校。家庭交流时常不畅，所以他只能求助财务援助员工，帮助自己弄清大学账户与其他财政账户的结余情况。他对每个在岗员工的服务感到满意。在岗员工的专业与专心也给约翰留下深刻印象。财政援助办公室的系统是如此组织的：即使一个从未和约翰交谈过的员工也能很快获悉他的情况。员工熟悉各自的工作并能帮助任何走进办公室的学生。学生并不需要等待一位尤为熟悉他情况的员工。

学生服务模式的优缺点

学生服务模式有其内在的优点。第一个优点是为学生提供便利。该模式以便利为前提。20 世纪 90 年代，该模式由于使用总体质量管理为顾客提供优质服务而在学生事务中脱颖而出。尽管许多学生事务人员反对使用“顾客”一词，但保持高质量服务肯定是个有价值的目标。

该模式的第二个优点是为教学人员提供机会。作为院校首要目标，教学由于这些服务需求而变得畅通。只要筹集到学费、办理过贷款及完成注册，教师及学生事务教育者就能开展教育活动。与此优点相关的是，学生服务模式及其 98
衍生的功能支持院校基础设施建设：创造资源、设置课程和学生注册。

该模式的第三个优点是，这些服务更易于与入学管理等校级计划目标和宗旨协调一致。院校中基础建设办公室之间的协作为跟踪学生发展、监管学生成功及理解学生挫折提供机会。学生事务中，尽管传统发展方法在入学管理中发挥着重要作用，但这些方法不如学生服务方法精准。

该模式首要的缺点不言自明：各类功能与服务间缺少整合。当这些功能细化至个别领域时，该模式不提供用来整合的行政或组织结构。缺少整合，办公室之间就缺乏联系，沟通不畅就此产生。最终，院校目标只能部分地被实现。换言之，学生认为逻辑上能整合在一起的服务，实际上被划分至功能上少有或根本没有重叠的办公室。为整合这些服务功能，各种各样的努力（如将功能相似的办公室聚在一起）都已经被尝试。特伦顿州立学院（Trenton State College）[现称新泽西学院（College of New Jersey）]在 20 世纪 80 年代创立了一种新的模式：将学生事务功能按照“个体”学生服务（如咨询、健康服务、就业服务）和集体学生服务（如宿舍生活、学生活动及学生中心）分类整合。和其他创新模式一样，该模式尝试按照功能相似将学生事务员工联系在一起，从而更好地整合他们的功能与更加娴熟地服务学生。

该模式的第二个缺点与缺少整合性相关，即学术事务与学生事务专家缺少合作。近年来，学生事务实践的复杂度与节奏都逐渐增加，对学生事务工作的需求也增至前所未有的狂热程度。然而，随着复杂度的增加与节奏的加快，合作的机会却减少了。合作有许多长远的好处：更有效的沟通、更妙的创意、员
99 工关系的改善、学习经历的丰富及更优的学生服务。短期来看，合作是件耗时且不必要的事情。由于服务和课程相分离，办公室间自然的合作机会变少了。学生服务模式中，可以人为地增加现有服务之间的协作与熟识。办公室间的创新项目旨在服务学生与专家发展项目，成为各个独立办公室基本工作的附加物。合作机会缺失带来的影响不会立即显现，却是长远持久的。当将更为创新的新科学及量子理论运用于领导与管理中时，合作将会被视为通往 21 世纪高质量管理的重要一步（Allen & Cherrey, 2000; Wheatley, 2010; Zohar, 1977）。在像大学这样复杂的机构中，领导者必须有审视全局的能力。艾伦和杰瑞（Allen & Cherrey）认为“登上阳台”就可获得全局观念。有效教育实践研究记录中艾维诺学院（Alverno College）最为注重这种全局理念。

> 艾维诺学院中非教学人员也热情地支持全局理念。例如，学生事务部门将自己视为“构建学习者社区的学习伙伴”。事实上，学习伙伴策略源于该部门对学院任务、课程及学生的认可。一名员工说：“我们将自己视为课堂的拓展。我们对学生的学习发挥重要作用，并以课程为基础不断改善自己。”例如，学生服务员工课内外“帮助学生将其学习场景化并号召他们反思这些经历”。（NSSE, 2003a, p.12）

如果强调分散独立的学生服务办公室，整体性与合作就变成空洞的概念。合作与全局方法的轻视不利于学生及学生事务的将来发展。

该模式的最后一个缺点是，有效科层程序（通常是优先事项）的维持并不
100 总是能够实现。这是以提供使用与服务为核心的商业模式的通病。提供的服务很难维持，而且往往会随着时间的推移而退化。要想保持高质量的服务，就必须要有个开明且可持续的领导体制。

管理型模式在何处最有效？

管理型模式在一些院校中能发挥最佳功效。拥有第一代大学生及其他想要获得成功的学生（Kuh, Kinzie, Schuh, Whitt, & Associates, 2005/2010）的院校最适合采用管理型模式。例如，第一代大学生是最有可能拥有在大学成功的技能，但缺乏对院校组织的认识。一个秩序井然的学生事务部门如果采用学生服务或职能条块模式的话，学生就会清晰地明白成功和毕业之道。任何一所学生人数众多且需求各异的（如家庭及全职工作）院校将会从管理型方法中获益。

一些没有常规学生事务任务的高校，如常春藤院校及专业院校（如工学院），也会发现管理型模式十分适用。

管理型模式还适用于一些毕业、课程要求及其他行政过程复杂的院校。为了更好地服务学生，这些院校不得不借助直截了当且秩序井然的模式。

正如本书所讨论的其他模式一样，学生事务部门员工没有必要遵循相同的模式，尤其是学生服务模式。职能条块模式适合学生事务实践的任何模式，但学生服务模式在学生事务实践一些领域要比其他领域更为有效，而在学生活动、纪律事务及服务学习上使用该模式并不合适。学生事务传统领域（如宿舍生活、就业服务）通常使用发展型方法，可使用学生服务模式及其理念。一些 101
领域（如财政补助、入学）完全适用该模式。

结　论

在 20 所有效教育实践研究记录院校中，一个显著的特点是这些院校很少采用职能条块模式。专业化并没有阻隔不同办公室之间的交流。相反，这些院校中的服务、项目及功能都联系紧密。学生事务部门肯定也是此种情况，然而，这些密切联系同样也见于学术事务与学生事务之间。

> 以合作精神和积极态度闻名的有效教育实践研究记录院校注重发展高质量的学术事务与学生事务关系。在其他院校中，这两类事务通常采用职能条块模式，这种情况在高等教育中十分普遍。（Kuh, Kinzie, Schuh, Whitt, & Associates, 2005/2010, p.172）

这一“模糊的”效果仿效学生使用服务、项目及功能的方式。很少有学生区分学术与学生生活、终身制教职员与研究助理及不同部门的员工。相反，对大学生来说，大学生活是一个统一的整体。上课、获得帮助及参加各种办公室举办的项目，这些都被视为高校的一部分而非某一特定部门。在有效教育实践研究记录院校中，学生感受到的统一性是由合作来实现的。管理者和教师必须熟悉他们的同事、院校任务及院校目标与功能之间的关系，这些都会强化学生对整体性的感知。

> 在与我们交谈 [乔治 · 梅森大学（George Mason University）] 的所有教职员工中，他们几乎都提到一种建立在各部门单位合作基础上的支持性环境。独立开展工作的很少。学术学生办公室就是此种合作的例子之一。一些院校区别对待这两块领域的职能，乔治 · 梅森大学的学术学生事务办公室却将它们整

> 102 合在一起。……学术咨询中心建立在与部门教师、就业中心、迎新活动及其他一些办公室的合作基础上。还有一种理念是与学术咨询的无缝衔接。（NSSE, 2003b, p.38）

合作会防止孤立状态或不允许它很早出现。堪萨斯大学（University of Kansas）的一位管理者说："要使学生很好地使用这些服务，这些服务的实施者必须要认识彼此。"（NSSE, 2003d, pp.41-42）

有效教育实践研究记录研究中，一种提升学生服务模式质量的做法是聘用学生在高校中担任要职。缅因大学法明顿分校就是使用该方法的典型院校。

> 学生服务……聘用学生，……他们与教师、员工及监管者关系密切，并且在其学院发展中负有重要责任。给学生社团提供资金，这很大程度上都由学生雇员操作及监管。学生健身中心的有氧操也是由学生组织管理，并且大多数的有氧操课是由学生教授。学生还在大学委员会里任职。一个极为突出的例子是：我们得知，管理者要求一位学生根据"绿色"标准来带头建设新的教育设施。通过自学绿色运动以及研究项目经费现状，该生积极为此项目献言献策。该生说："我原以为我是推着巨石上山。然而，这却是极为有益的。我感觉自己就像专家一样，要熟悉自己要做的事情。负责人十分严谨认真。她确保我已经知道我要做的事情。"该生将一些有价值的研究展现给教师及管理者，正是由于这一倡议，学校才会下决心按计划建设"绿色"大厦。（NSSE, 2003e, pp.28-29）

除缅因大学法明顿分校之外，位于华盛顿州斯波坎的贡萨格大学（Gonzaga University）充分利用学生员工传授领导技能及为人员稀缺部门提供人员支持。

> 103 学生雇员的加入，壮大了学生生活及学生服务办公室的全职员工数量。这些学生在确保为同龄人提供优质服务上发挥重要作用。通常，学生雇员承担的责任和初级全职员工一样。（NSSE, 2003c, p.31）

由于缺少全局理念及忽视合作方法，管理型模式鼓励以竞争而非合作的方法处理学生事。《学生学习是当务之急》（ACPA, 1996）中详细讨论了本章提及的两种方法。这两种方法强调非整体化与去中心化方法，并不适合服务学生或实现校园学习目标及其他选择。只有当学生事务副校长只是宏观掌控其分管部门时，主管们才可能会采用去中心化方法。该方法视竞争而非合作为标准办事程序。当竞争而不是合作、去中心化而不是一体化成为标准时，学生就不会得到良好的服务。在获取资金、学生服务程度及可支配的人员数量上可能会发生不当竞争。最糟糕的情况是，竞争可能导致极权以及长远规划的缺失。主管们只顾各自的办公室，而没有考虑整个部门及学校利益。由于强调去中心化与分而治之，部门主管可能会觉得没有必要去联系其他部门的主管。

自从 20 世纪 90 年代中期起，学生事务很少关注管理型模式，而是更多地转向学习型模式。尽管管理型模式不像学生事务部门成立之初那样通用，但这些模式由于院校目标依旧发挥作用。当学生事务管理者，尤其是高级管理者定夺学生事务组织方法时，本章中关于这些模式优缺点的讨论就会派上用场。将这些模式的优点（如学生服务的质量、员工的专业性）与当下学生事务实践中更为合适的学习型模式整合在一起，是完全有可行性的。

讨　论　题 104

- 哪些工作人员及项目支持管理型模式？哪些又不支持？
- 如何管理建筑物及校园环境以向学生提供最佳服务？
- 哪些管理原则能最有效地服务学生？
- 学生成功理念是如何融进管理型模式的？
- 如何在看似完全不同的服务中进行合作？

第六章

学习型传统模式

105 学生学习是当下学生事务实践的一个基本领域。自从 1937 年《学生人事部门视角》（ACE）出版之时起，学生学习已经成为学生事务实践的重点。《学生学习是当务之急》（ACPA，1996）的发布引发强化学生学习深度的思考与实施。学生事务实践已将鼓励与激励学生学习理论化（Kuh, 1999; Magolda, 1999），并且评估学生学习也已成为学生事务实践的一个重要方面（Kuh, Kinzie, Schuh, Whitt, & Associates, 2005/2010; Schuh & Associates, 2009）。

可用下面两位学生的经历来例证两种学习型模式的不同方法：竞争对抗模式和无缝学习模式（见表 6.1）。

表 6.1　学生事务实践模式

传统型	创新型
课外型	学生型
学术课程外	关怀伦理
辅助课程	学生导向
	学生能动性
管理型	学术型
职能条块	学术–学生事务合作
学生服务	学术导向
学习型	
竞争对抗	
无缝学习	

尽管这两种模式同时存在于同一所大学，却为学生带来极不相同的体验。

萨姆（Sam）和亚历克斯（Alex）是高中时的密友，毕业后却选择了不同的大学。萨姆选择的是中部中央大学（Mid Central University, MCU）。这是所大规模公立寄宿制大学，开设课程种类繁多，能为学生提供多种多样的大学活动。亚历克斯上的是东大陆大学（Eastern Continental University, ECU）。它也是一所大规模公立寄宿制大学。萨 106
姆不知道该选什么专业，之所以选择中部中央大学是因为它开设很多课程。而亚历克斯要学社会学，它是东大陆大学的强势学科。他们都住在学校宿舍里。亚历克斯有选择地参加学习社区并攻读社会学专业，而萨姆所在的宿舍没有学习社区并且直到完成一些通识课程教育后才选了专业。

社会学专业参加社会学学习社区会有一个社会学专业的室友，因此，亚历克斯便和查理（Charlie）成了室友。一入学，他们立刻开始参加由学习社区赞助的活动。新生研讨会是其中的活动之一。它由社会学专业教师、英语专业教师及另一所大学里本科专业为社会学的学生事务副主任共同开设。他们在社会学系兼职学生助理，每周去当地小学为一年级学生支 107
教两次。此外，社会学学习社区参与者一次上三节课，并且每周三次在学习小组中评论作业、准备考试及讨论课堂上发的材料。如果一切进展顺利的话，亚历克斯很有可能在大三或大四时成为学生助理，这段经历会使他有机会读硕士研究生。对于社会学专业学生来说，这是毕业后的一条康庄大道。

社会学教师克拉克森（Clarkson）每隔一周就会来到学生宿舍一楼大厅，解答学生可能会遇到的问题并为他们安然度过第一年大学生活提供建议。学生也会邀请克拉克森教授在周一课后共进午餐。东大陆大学宿管部门支持午餐计划，使学生可以偶尔邀请教师共进午餐。克拉克森教授也担任学习社区的临时咨询师。学习社区的学生可以在完成第一年学业后选择一位永久性咨询导师。打算春季毕业后攻读硕士学位的社会学大四学生麦克斯领导学习社区活动，并和同学们住在同一楼层，尽管该楼层已经有 1 位宿舍助理。学习社区有 15 名学生，全都是大一新生，他们与亚历克斯和查理住在同一层。

萨姆的经历与亚历克斯有所不同。对萨姆这种对专业意向不明的学生，中部中央大学咨询中心人员为他提供建议。萨姆选修了一些符合中部中央大学通识教育要求的课程，并在秋季学期末研习政治科学专业。毕业后他可能在公共服务领域工作，很有可能成为一名环境律师。萨姆的咨询导师帮助他缩小专业选择范围，前提是萨姆同意和咨询导师一起那样做。萨姆参加的其中一门课是新生研讨课。该课程由历史专业老师及学业规划老师共同主讲，主要是帮助那些“未选择专业的学生”厘清学术兴趣。

萨姆的室友是化学专业的，随着学期的开始，他要花很多时间待在实验室里。幸运的是，他们没有任何重叠的课程，所以尽管他们都是十分认真的学生，但他们的课程将他们带至不同的领域。他们有空时就会在学生活动大楼的小吃部里边喝咖啡边交流课程难点。

宿舍活动由楼层宿舍助理及宿舍学生管理成员组织，活动囊括从校内体育竞技到感恩节组织食物筹集活动。萨姆被选为楼层长，他十分热衷于组织活动并成为宿舍领导者。萨姆需要兼职以支付费用，他从职业服务办
108 公室的兼职服务部那里谋得一份镇上服装店的工作。萨姆还决定参加校园英语实验室，因为高中时写作对他来说就很难并且他不想在这门课上落后。萨姆十分忙碌，热衷于参加各类活动。

感恩节假期刚过，萨姆的宿舍助理就在楼层的公告栏里贴出一张告示，上面写着：下一学年宿舍助理申请将在春季学期开始时举行。在一次私人谈话中，宿舍助理告诉萨姆，他是个不错的领导者且善于人际沟通，这都会使他成为一位成功的宿舍助理。那次谈话使萨姆很开心，他于是就填了份申请。此后又经过几次面试，他终于获得该职位。萨姆欣喜若狂地接受了该职位。这不仅解决他一部分的校园开销，并且还能培养萨姆梦寐以求的领导者技能。

萨姆和亚历克斯在秋季学期都十分成功，春季学期也是如此直到萨姆遇到了一个难题。中部中央大学周五下午没有课，此举是为了安排各门课程的校外教学及由学生活动中心举办的领导力发展实训或校园活动部门组织的如何成为校内体育裁判员研讨会。

走出校门是大学教育的重要特征之一。萨姆的政治科学课程导师在期中时安排了一次校外教学，组织全班同学在离校园 45 英里外的州首府会见州长及立法领导者。州领导者将要作一场关于当前政治领导复杂性的演讲。他们的关注点在于由在平稳税收环境中增加资金而导致的州利益冲突。除身体不适及出现紧急情况外，所有学生都要求参加校外教学，且不得找借口缺席。

大约在校外教学日程表定下来时，萨姆得知新宿舍助理的岗前培训也在同一周的周五下午举行。培训周五下午开始，并且持续至周六全天，地点在中部中央大学外的小屋。和校外教学一样，所有当选的新宿舍助理都要求参加且不得找借口缺席。因此，萨姆陷入困境——不参加校外教学就会得到低分处罚，而不去培训就会失去梦寐以求的工作。该怎么办？

学习型模式的历史与设想

109

狭义上说，学生事务员工一般可能采取学生发展方法这一模式来指导工作。但是，方法的选取通常是由每个部门自己决定的。所以，宿舍生活可能会采用奇克林（Chickering）的心理发展方法（Chickering & Reisser, 1993），而司法事务可能会选用科尔伯格（Kohlberg, 1969）的道德发展理论或吉利根（Gilligan, 1982）的女性道德发展理论。尽管以学生发展理论来指导学生事务实践可以很好地筹划项目及与学生共事，但大多数时候学生事务很难被理顺（要想深入了解学生展理论，见 Renn & Reason, 2013）。相应地，将学生事务切分成若干个彼此不相关的部分，就无法看清学生事务的整体性。

上述例子源自有效教育实践研究记录学校中学生的经历。例子中有下列一些元素是有效教育实践研究记录院校中常见的：

1. 跨学科课程由教师团队讲授。
2. 教师与学生在课外交流互动，其关注点在课程。
3. 学习社区。
4. 大学生用于研究的助学金。
5. 实习及服务学习。
6. 学术社团。
7. 教师与学生的社交活动。

中部中央大学和东大陆大学都致力于为学生提供生机勃发的课内外活动。但是正如例子所示，学生事务与学术事务在中部中央大学是彼此独立运行的，而在东大陆大学里两者是相互合作的。本章接下来的部分将会详细描述这两种方法。

第一节　竞争对抗模式

该学习型模式实际上将与学生事务相关的活动置于课堂活动的对立面。对抗表明大学里两个部分（即处理课外活动和处理课内及其他与学分有关的活动）在计划执行项目和其他分内事时，很少注意到其他部门的事情。它还表明，学术事务和学生事务部门都关心学生的学习、成长与发展，然而他们都没有为学生创造协作互补的学习环境。 110

该模式的一个重要方面可能是无心的却真实存在，即造成学生注意力与时间上的冲突。该冲突不仅表现在日程时间表安排上。一些实践、机会与活动都是在没有考虑其他部门或如何与其他部门合作互补上做出的。有时这会导致重复工作，有时也会使学生不得不在两个同等重要的机会面前做出选择。再深究下，比如学生事务部门或学术事务部门提供的相似项目就有可能造成冲突现象。以领导力发展项目为例，宿舍生活、学生活动及学生社团都可以提供该项目。社区里的志愿者项目可能由学生事务部门发起，也可能由学术事务部门发起。毫无疑问，教职工们都极力丰富学生生活，但他们通常都倾向于各干各的，最终导致学生注意力与时间上的冲突。

萨姆的例子就体现出该模式的对抗性。萨姆应当参加新选宿舍助理培训活动，同时他又不得不参加政治科学课的课外教学。萨姆陷入两难之境。当看完这个例子后，你会希望在现实生活中能找到一条解决此矛盾的方法。那些组织培训者看到课程安排后，知道周五下午没有任何安排，而那些安排校外教学的教师认为，周五下午就是为校外教学而设的，所以安排去州首府是完全没有问题的。结果是，萨姆要处理这一团糟的事情。

111 竞争对抗模式的理论基础

很多原因使学生事务成为一种职业（见 Rhatigan, 2009）。瑞迪甘（Rhatigan）认为“二战”结束后，现有课程及服务的扩增与开设新的课程及服务，这“导致学生人事管理的转变”（p.11）。专业化与细致化逐渐成为高等教育的特征之一，而学生事务部门内部也出现很多模仿这一趋势的单位，这就不足为奇了。当类似于亲属般的教师为患思乡病的学生提供帮助时，学生事务功能已经开始非正式地运作了。19 世纪下半叶哈佛大学任命第一位主管（Nuss, 2003; Rhatigan, 2009），这标志着学生事务工作的正式开始。随着学术事务变得日益精细化，学生事务同样日益精细化。即使一些学术部门早在 18 世纪就已组建（Hecht, Higgerson, Gmelch, & Tucker, 1999），但这一组织结构直到一个世纪以后才普遍流行起来。瑞迪甘（2009）认为，“二战”后随着招生的扩大，此种流行也触发学生事务部门内的专业化。实习、咨询服务、宿舍项目、学生活动及其他学生事务实践领域都开始出现。并且，由于教师辞去一些学术支持功能，学术咨询及注册等领域在许多院校中就被学生事务包揽进来。

扩大招生是高等教育日益专业化的重要原因之一。近年来，美国高校尤其是州立大学规模越来越大，也越来越细化，这和阿斯廷（Astin, 1977; Kuh, Kinzie, Schuh, Whitt, & Associates, 2005/2010 引用）倡导的截然相反。阿斯廷认为，大学招生数应该不多于 15 000 人。1996 年秋季，美国 350 所高校招生数平

均为 10 000 人或更多（The Chronicle 1999–2000 Almanac）。然而到了 2010 年
秋季，招生人数平均超过 10 000 人的美国高校达 594 所（美国教育部，2011
年，表 248）。按照阿斯廷的说法，这 244 所美国高校在 15 年里的招生数不是
那么令人满意。并且，美国 120 所最大的高校招生数在 2010 年达 27 692 人至 112
300 000 人（美国教育部，2011，表 249）。为什么会出现此种局面？为了适应日
益增加的大学生人数，扩招比花钱建造新的大学进行招生更简单与便宜。

大学扩招及部门日益细化的一个后果就是高校各个部门（如学术部门与学生事务部门）间的交流变得越来越困难。同样地，人与人之间的交流也变得困难起来，因为随着高校规模的变大，学生个人认识的教职员就相应变少了。

总不能指望高校办学规模变小，特别是面对日益增多的高中毕业生。“能授予学位的高校招生人数预计在 2010 年秋季到 2021 年秋季增加 2009 年招生人数的 15%。”（Hussar & Bailey, 2013, p.19）面对不断增长的招生人数，专业化成为部门及单位的发展趋势之一。该增长导致“区域化和碎片化，而这又会引起通常所说的‘*职能条块*’或‘*矿井*’”（原文斜体强调）（Schroeder, 1999a, p.137）。施罗德（Schroeder）认为，孤立是这些发展的结果之一，而孤立又导致惠特（Whitt）所说的，“许多年来，一些改革家都在批判高校变为更有效地教育学生而在组织结构、课程要务及竞争性目标上变得四分五裂”（2011, p.483）。

该模式与本书第五章中职能条块模式的一个基本区别在于，“竞争对抗型”
关注学生学习而非组织结构和部门功能。需要记住的是，本书第五章中“职能
条块模式”是以管理而非学生学习为中心的。本章的“竞争对抗模式”包含了 113
许多“职能条块模式”的特征，却聚焦于学生学习，这是它们基本的相异之
处。本章接下来环节将会呈现“竞争对抗型”模式的一些特点。我们相信，只
要把该模式和本书第五章中的模式相比较，这些特点就会更加清晰。

扬（Young, 1996）指出学生人事理念与实践理念之间的矛盾。在萨姆宿舍助理培训与校外教学时间冲突一例中，实践理念将学生活动构思化为个人主义的与相互隔离的。该方法导致的结果之一便是，学生事务工作人员在其部门内为如何给学生提供最优活动与服务而绞尽脑汁。例子中的宿舍生活管理者尽力为学生提供最好的领导力项目，却没有考虑联系政治科学系提供的领导力项目。或者，用另一例子也可说明，管理员志愿者在当地孤儿院开展一项优质项目，但根本没有意识到社会学系也可能尝试提供类似的学习服务。

这并不意味着，管理行为是在缺乏共事或不愿合作的兴趣下进行的。相反，每个人都在其影响范围内努力做到最好，而这之外的合作并不是中部中央大学的行事风格。中部中央大学的文化理念是构建专业化结构部门以促进学生

发展。一旦该理念付诸实践，该模式将导致日益专业化、更加注重部门内的改善、聚焦在更好地完成自己狭隘的工作上。该方法常常导致机会的丧失。

竞争对抗模式的特点

该模式的特点包括：组织化的结构、员工独立发展、独特的目标、工作的独立性、独立学习及隔离的组织界限。这些特点表明，学术事务与学生事务间缺少交流与合作。

114 **组织化的结构**。如图 6.1 所示，竞争对抗型模式的典型特点在于学生事务与学术事务向各自的副校长汇报。

图 6.1 竞争对抗型学生事务组织结构

负责学生事务与学术事务的两位副校长向校长汇报，协调合作一事交由校长定夺。校长可能时不时地建议两位副校长及其部门员工相互合作以实现学校目标，如研发提高学校毕业率的战略，合作的细节却交由他们各自去处理。甚至在诸如提高学校毕业率这样的重要目标上，该模式下的学生事务和学术事务完全有可能在强化提高毕业率项目上各干各的。

在一些大的院校中，学生事务内部部门就如图 6.2 所示的一样庞大复杂。他们可能会也可能不会和学生事务部门里其他单位合作。

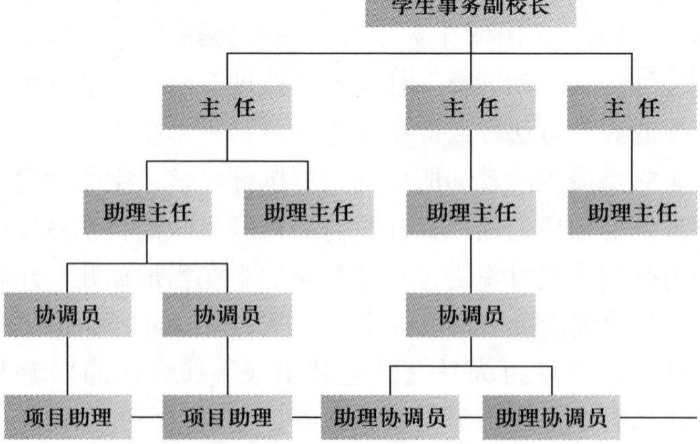

图 6.2 使用对抗竞争型的学生事务组织

本章先前提及的领导力发展项目就是其中一例。假如宿管部门管理 5 000 名学生的住宿，而学校里又有 30 个社团组织，那么两个部门的领导者就会相对轻松地组织各自的领导力发展项目。毕竟，社团领导的服务与宿管领导的服务差别很大。某些情况下是对的，但某些情况下又是不对的。竞争对抗模式允许这两个部门发展各自项目，但不会很在意如何节省成本。

员工独立发展。员工发展也是一项以单位为基础独立开展的活动。员工发 115
展项目不必与其他部门合作，这一理念与部门的规模、复杂度及专业性相关。"我们单位和学生事务部门里其他单位不一样，所以我们更喜欢提供自己的培训项目"，就是上述理念的典型表现。

独特的目标。该模式中，学术事务及学生事务任务好像是在双方都未意识到对方能为彼此做贡献的情况下创建的。学生事务员工将其对学生学习的贡献概括为学生课外或实验室里的发展。他们从未考虑过学生的认知发展，因为他们把它留给了教师和教室。学生事务为学生提供独特的活动，这些活动可能与校园其他活动相兼容，也可能不与校园其他活动相兼容。因此，学生在课外所
学的是一种独特的活动，与校园其他一系列活动不相关。例如，宿舍、学生活 116
动及社团提供的交流技能培训就不会考虑学生在诸如语言系或荣誉课等学术部门所学的东西。这样，四个部门很可能就会独立开展交流技能培训。

工作的独立性。正如领导力培训项目所示，校园里各个部门都是独立开展工作的。这就会造成工作的重叠或重复。该方法导致效率低下，因为几个部门很可能动用资源开展相似的学生活动。他们完全可以合作，提供一个更有活力且成本更低的学生活动。

独立学习。在竞争对抗模式中，学生活动开展的场所至关重要。某种学习方式只能在某种场所发挥效力。例如，课外活动就被认为适合社会心理发展。认知发展适合正式的学术活动，这些活动通常在教室、实验室或图书馆开展。并非如任何学生学习都能在任何地点、任何时间开展的理念那样，一些学习只能够在特定的场所开展。一些学习适合正式的课内教学，而一些学习则适合课外教学。例如，宿管员工决定为大多数参加数学课的大一学生组织导师项目。同时，额外辅导项目也为参加初级数学课的大一学生提供辅导。两个办公室从未想过联系彼此以求合作。相反，这些员工在各自的职能部门内开展活动。

隔离的组织界限。学生生活被概括为部门之事，学生事务员工从未想过要
在共同活动中与学术事务员工合作。同样地，学术事务员工将课外活动仅仅视 117
为社交类活动。各个部门员工都独立开展工作。结果可能如下面例子所示：

学术迎新活动计划与宿舍迎新活动独立开展。学术部门下午安排学生在其主要学习区域会见教师，而宿舍排球锦标赛在同一时间举行。关于避免时间安排冲突的沟通从未被考虑，因此，学生也就不太可能同时参加两项活动。

竞争对抗模式的优缺点

有人认为，该模式适合大型复杂的院校。虽然情况确实如此，但在一些小规模的院校，该模式也存在，学术事务与学生事务彼此独立工作。在处理学生学习上，高级管理者及其同事极有可能没有采用混合交叉的方法。他们只是在其职责范围内工作，根本没有考虑过与同样从事学生学习的其他部门同事密切合作所带来的好处。

该模式的明显优点在于为学生活动提供专业支持，即由最有能力的人为学生组织和实施活动。例如，有人对为宿舍助理提供领导力发展活动感兴趣的话，那么，有的宿管员工就是那方面的专家。学校将诸如迎新活动、员工发展、领导力发展及社区服务等各种学生活动交托给相应专家负责，学生活动就很有可能取得高质量的结果。

该模式反映了院校组织的松散性（Weick, 1976），其结果是新项目要是在部门或单位不成功的话，更高一级别的组织只受一点影响，或者根本不受影
118 响。因此，如果在宿舍迎新活动中增加一个新活动，比如学生下午为当地社区服务，任何可能的失败或不好的结果都是微乎其微的，且其影响只限于宿管部门内。

但是，该模式的主要优点在某些情况下也会转变成缺点。由于每个部门都在实施其项目和活动，就如萨姆的例子一样，时间冲突成为学生的难题之一。由于很少协作，学生只能在同时举办的精彩活动中选择一个。该问题不仅仅涉及时间需求冲突，所需专业技能的重叠也导致在开展学生学习活动时人员及精力的重复。显而易见，该模式十分耗费资源。我们中有几个人曾为一所有学生项目和活动的高校做过咨询。学生事务高级管理者感叹，学校项目总在寻找参与者和观众，因为学生看起来都在参加发展项目，但只有少数人真正地参与这些项目。

第二节 无缝学习模式

该模式表明，院校采取的理念是所有的学生活动实际上都有引发学生学习

的潜力。合理设置组织结构，这样学生事务和学术事务领导者就能明白学校各个部门的发展情况，并能定期就学生学习事宜进行合作协商。先前例子中提到的亚历克斯，其所在的东大陆大学就是这样一所大学。采取无缝学习模式组织学生需要辛苦工作和精心安排。东大陆大学如何组织学习社区就能说明无缝学习是如何运作的。下面介绍的就是该模式如何开始的设想。

> 十年前，东大陆大学的学生事务高级管理者就在考虑各种提升宿舍生活的方案。大约有一年的时间，宿舍员工及部门其他人员都认为宿舍生活质量可以变得更好。在副校长学生事务会议讨论后，学校决定考虑 119
> 不同的方案。发起讨论的宿舍生活员工受命起草 2~4 个改善学生活动的方案。
>
> 该校的组织结构是，教务处的高级别员工及学生学习副教务长要定期参加该部门会议。同样地，负责学生生活的助理副校长也要参加教务员工会议。在制订宿舍生活改善计划时，宿舍生活员工邀请副教务长参与计划的讨论与起草。两个提议渐渐形成：一是发展学习社区计划，二是学生邀请教师员工在宿舍免费共进午餐的计划。
>
> 学术事务与学生事务两个部门的高级员工被召集起来开会讨论这两个提议。在慎重考虑其优缺点后，学习社区提议被采纳，午餐提议由于财政原因而被延迟。两年后，午餐计划被纳入学习社区项目而得以实施。从学生事务副校长及教务长被委任为核心指导力量就能看出学习社区项目的发展细节。

无缝学习模式的历史与设想

布朗（1972）曾质疑过当时流行的辅助课程模式，但直到许多年后才有认可学生活动之间联系性的文件出现。鲍恩（Bowen, 1977）的著作就阐发了以下观点：“教育或教学功能不应只包括正式学术课程、课堂及实验室，还应包括那些对学生产生影响的各类校园活动。”（p.33）鲍恩指出，以前许多文献都与此概念（即高等教育应当关心学生的所有活动）有关。美国高等教育优质条件研究小组（The Study Group on the Conditions of Excellence in American Higher Education）（1984）强调：“改善大学教育最重要的目的可能就是—— 120
学生投入。”（p.17，原文即为斜体）全国学生人事管理者协会（The National Association of Student Personnel Administrators, 1989）在《视角》（*Points of View*）中认为：“课外社交及实体环境很少是中性的；它们通常要么帮助要么阻碍学

生社交和智力发展。”（p.13）这些著作及其他著作（如 Astin, 1993; Kuh, Schuh, Whitt, & Associates, 1991; Tinto, 1993）导致《学生学习是当务之急》（ACPA, 1996）的出现。不论学习发生在教室、宿舍还是校园内外的其他地方，该文件都有助于当前对学生学习的重视。随后的著作（如 Schuh & Whitt, 1999; Kuh, Kinzie, Schuh, Whitt, & Associates, 2005/2010）在院校创造伙伴关系及条件以方便学生学习上提出了补充观点。

《学生学习是当务之急》（ACPA, 1996）表明，学生事务部门在学生学习上的任务在于，“以提高学生学习及个体发展为学生事务项目和服务的首要任务来补充完善院校目标”（p.119）。该著作还增加了学习型学生事务部门的另一特征：与院校内其他部门人员合作，以鼓励学生学习和个体发展。

库（Kuh, 1996）提倡高校应致力于创建无缝学习环境，并把它写入《学生学习是当务之急》中。“无缝”在此语境下指的是“曾被认为是分离独立的部分（如课内与课外、学术与非学术、学术课程与辅助课程、校内活动与校外活动等），现在被视为一个整体，紧密联系在一起”（p.136）。学生事务专家不再不顾校园其他部门而只在自己部门里努力为学生提供最优活动，相反，他们现在需要打破部门壁垒，为学生创建统一互补的活动。该理念表明，学生活动的整体性要大于各个部门的总和，并且在与其他部门合作时，没有哪一个人或部
121 门拥有无法通过合作来增加价值的专业知识。相反，学生活动被视为一个持续发展的过程，它始于学生入学，终于正式意义上的毕业。

我们认为，由于地理位置、财政及任务等因素，学校很难影响所招学生的特性，但一旦学生进入大学，学校就会在学生活动上发挥强大的影响力。我们知道，有些活动会对学生坚持完成学业产生积极影响，就如有效教育实践研究记录所揭示的那样（Kuh, Kinzie, Schuh, Whitt, & Associates, 2005/2010）。该项目的目的在于检测哪些学校能在全国大学生参与度调查上取得比预期要高的分数和比预期更高的毕业率，并且这些学校采取何种措施才取得这两种成功。无缝学习是一个重要的举措，它使学生事务与学术事务相互交流合作，以便为学生提供生机勃勃的学习环境。本章下一环节介绍的无缝学习模式组织结构有利于改善高校内的学习环境。

组织结构。图 6.3 描述了无缝学习模式的组织结构。

该模式中，高级学生事务人员向高级学术人员汇报。我们发现，几所使用该组织方法的有效教育实践研究记录的院校取得了巨大的成功，因为高级
122 学术人员极力倡导课内外混合学习。为了取得成功，高级学术人员不得不研究课外学习，并掌握这一复杂的学习方式，以便熟知学生事务实践中精妙及

细微的差别。这也意味着高级学术人员能将课外学习的价值报告给校长及校委员会。要使无缝学习取得成功，除简单绘制组织结构图外，还需要做大量的工作。本章将会在接下来的部分论述这些工作。

图 6.4 则描述了该模式的备选组织方法。

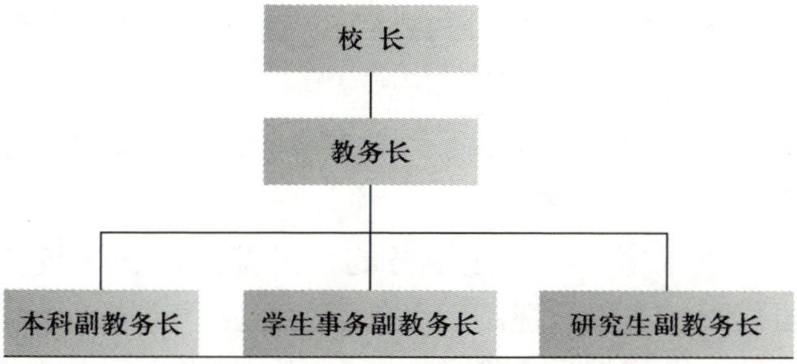

图 6.3　使用无缝学习模式组织学生事务

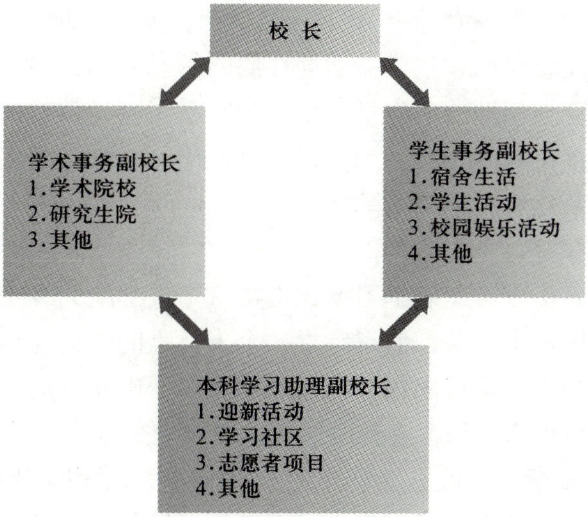

图 6.4　使用无缝学习模式组织学生事务的备选方法

在该方法中，一名员工代表学术与学生事务协调和组织学生学习活动，并向两位副校长汇报。两位副校长又各自向校长汇报，并在各自的部门里挂职。
该方法的难处在于寻找一位合适的人员，他既要熟知学术事务和学生事务，又 123
要有与教师和学生事务员工高效共事的能力，更要善于总结合作经验的价值。拥有终身教职的教师，最好是教授，是最有可能的人选。长期从事学生工作，比如学生组织顾问或学术部门里协调学生服务的副主任，是最适合该职务的人选。懂得课外学习如何对学生教育起作用是任职的必要前提之一。鉴于很难找到符合上述条件的人，我们建议该方法作为高级学生事务人员向高级学术人员汇报的备选方法。

无缝学习模式的特点

该模式的特点在于学术事务和学生事务共同开展学生活动：设计任务支持学生学习、共同的计划、为学生学习齐发力、融合课内外活动和消除界限。

设计任务支持学生学习。无缝学习模式中，高校致力于为学生提供生机勃勃、丰富多彩的学习活动。学术事务和学生事务的任务都服务于学校的这一总体学习活动。

共同的计划。学术事务和学生事务的员工都意识到学校应致力于学生学习，因此他们要共同合作设计提高学生学习的方案。迎新活动就是其中一个方案。在筹划项目前，迎新委员会成员与学术事务和学生事务代表共同确定迎新要取得的成果。在详细研究学习可能性后，项目按照预设的结果筹划起来。一些项目是由学术事务和学生事务员工共同承担，而一些项目则只由一方承担。
124 迎新委员会密切注意包括学生事务活动在内的所有活动，并且做大事纪要，这样，各种活动都能与预期的学生学习结果相联系。以竞争对抗模式下迎新会中排球比赛与部门接待时间相冲突为例，如果使用无缝学习模式的话，排球比赛就能在那天下午紧挨着教学楼的草地上举行，同时教学楼也可开放参观。当天下午还可以师生野餐的形式结束。

为学生学习齐发力。无缝学习模式支持每个人都能为学生学习尽一份力的设想。这意味着每一个想法都值得考虑，个人贡献的价值与其在学校里的职务大小无关。餐厅员工可能提出如何丰富师生在餐厅中谈话的建议。很多物业人员可能知道如何利用草地野餐或其他形式进行师生交流。

融合课内外活动。一般认为，不管何时何事教师和学生都能开展学生学习。尽管学生一般在课内学习，但学习活动也可延伸至课外。随着高校要务的转变或演化，学生课外学习活动也可揉进课内学习，反之亦然。学生学习的推动力在于高校坚定不移地实现其目标与任务。各个部门都致力于设计合作方案，这样学生就有可能获得最佳的学习体验。

消除界限。尽管在其他模式中，高校各部门之间以及学生课内外学习之间的界线分明，但在无缝学习模式中，这条界线是很难确定的。的确，学生会在学术课程上获得学分，但这些课程可以发生在课内、课外或当地社区。受学校目标及学生想要的学习活动影响，各个部门的员工通力合作为学生提供最优学习活
125 动。学术和学生事务在服务学习、辅导、领导力发展及实习等活动上合作。

无缝学习的优缺点

正如竞争对抗模式一样，无缝学习模式不一定由学校规模大小决定。尽管规模小且结构简单的院校更易实施无缝学习模式，但假如高级管理者不愿合作创建丰富多彩的学习环境，那么规模小的院校在学生学习上也可采用竞争对抗模式。在一些情况下，高级管理者必须努力将无缝学习方法作为学生事务的基础。

该模式的优点在于以整合协调的方法处理学生活动。正如我们在有效教育实践研究记录中发现的那样，最好的情况是，当被问起学生课外学习的事情，教师也会不知所云。当我们澄清课内外学习时，他们的回答是：“哦，那个啊。我们都不区分课内和课外。课外我们总是和学生在一起。比如今晚我们就要和一个宿舍的学生去参加校园讲座。”

在完成学校关于学生活动的目标以及使学生最大化利用活动上，该模式可能十分有效。我们指的是学生不必像萨姆那样选择活动。相反，正如亚历克斯的例子那样，我们会对其活动进行整合。

该模式表明，不管学生学习在何处开展，学术事务和学生事务高级管理者都对其有着共同的兴趣。换言之，他们愿意将权威让渡于彼此及其员工，也愿意与他们共担责任。这还意味着，部门成员（即学生事务工作人员和教师）认识到彼此为学生活动带来的挑战与技能。例如，学生事务员工明白教师在晋升与终身教职上面临的挑战，而教师也能理解学生事务员工在为学生提供健康学 126
习环境时遇到的困难。

该模式可能会在持续性方面遇到挑战。我们指的是新上任的高级管理者在履行职能时，可能会像其前任一样对混合学生活动感兴趣。某些情况下，该模式会不起作用，因为它依赖高校成员长时间持续地合作共事。新成员要适应学校的核心价值观，这样他们才能继续使用无缝学习模式。我们在一所有效教育实践研究记录的高校中发现，新教师招聘过程是一场深入的体验。面试结束后，应聘者会理解该校在无缝学习及师生互动上的价值观念。

无缝学习模式在哪些院校最有效？

脱离语境概括无缝学习模式的功效性，尽管十分困难，但该模式在许多高校都十分管用。对抗竞争模式作为本书中唯一不佳的模式，不建议任何高校使用。无缝学习模式尤其适用于下面几种院校。师生互动密切的高校十分适合使用无缝学习模式。项目、政策、环境管理及服务每一项都能安排妥当，这样学生就会感觉到每一个人在为其学习贡献力量，而且高校中充满了大量的学习机会。第二种适合使用无缝学习模式的高校是，在许多环境下都会有一大批学生积极寻求参与、学习及发展的高校。这些高校可能长期存在着一批积极的学生，他们对各种学习机会都感兴趣。最后，学校里有走读学生、特殊学生及一些很少联系学校的学生，也适合采用无缝学习模式。那些在校时间有限的学生更易理解综合学习理念，并在其日常事务外能发现学习机会。

127

结　论

本章致力于讨论两种关注学生学习的模式。尽管它们有着相同的目标，即努力提供对学生学习有益的服务、项目及活动，但在执行方式上却南辕北辙。一种是学生事务部门不顾学校中其他部门而单独行事，另一种则是学生事务内部各个部门经常与学术事务部门合作以便为学生提供最佳活动。我们明显支持第二种模式，因为在我们看来，此方法有能力提供最具活力的学生活动。我们的结论源于在 20 所有效教育实践研究记录高校观察的结果，我们见过数百个学生事务和学术事务合作为学生提供学习活动的案例。我们相信，该方法能为当下高校带来越来越具活力的学生学习活动。

讨　论　题

- 对有着相互分离且不联系的学习活动的高校来说，如何使之在学习和发展上转变成无缝学习模式？
- 高校的哪些特征妨碍它转变成学习型高校？什么样的特征能促使这一转变？
- 在塑造学习型校园中，学生该如何发挥作用？
- 在学生事务文献中，哪些理论能为学习型模式提供指导？
- 采用对抗竞争型模式的院校如何组织教师转变这一模式？
- 转变竞争对抗模式时，在学生事务和学术事务内部存在哪些会导致障碍的设想及态度？

第三部分

创新型学生事务实践模式

第七章

学生型创新模式

学生总是居于学生事务这一职业的中心位置。自 1937 年《学生人事部门视角》（ACE, 1937）开始，该职业就宣称其核心目的在于教育全体学生。《军人安置法案》（*The GI Bill*）实施后，该声明得到进一步强化。学生事务将其主要职责增扩至满足进入高等教育的特殊学生的需求。学生发展理念的采用使学生事务这一职业在学校中成为学生强有力的权威声音。学生发展理论进一步拓展了学生是学校中心的观点。

学生型模式的历史与设想

早期处理学生事务实践的方法正如本书第三章所述，强调学生事务对学生课外环境或课程外需求所负的责任。该模式强调学生的社会、情感、精神及心理需求。但是，由于这些需求与课程活动无关，该模式因在提升学生学习上只发挥有限作用而受到批评。在研究有效教育实践研究记录中教育功效好的院校时，我们注意到学生事务部门内的学生型方法长期用于课外环境，但也能提高学生参与度和成功率（见表 7.1）。

表 7.1　学生事务实践模式

传统型	创新型
课外型	**学生型**
学术课程外	**关怀伦理**
辅助课程	**学生导向**
	学生能动性
管理型	学术型
职能条块	学术–学生事务合作

续表

传统型	创新型
学生服务	学术导向
学习型	
竞争对抗	
无缝学习	

132 一些院校实行入侵式发展和学习支持服务以满足学生需要，而另外一些院校则提拔学生担任学校管理要职，以及雇佣他们作为专职人员的助手。在一些院校中，学生有权开展校园项目，并且学校管理者很少去干涉。人的全面发展理念点燃了学生型模式的发展，但该模式在实际操作中更有意地改善学生的学习状态和提升他们的成功率。

本章中，我们将论述三种处理学生事务的创新方法。这三种方法依旧将学生置于学生事务的中心位置，却以新颖的方式促使学生取得成功。我们首先描述关怀伦理模式，然后是学生导向模式，最后是学生能动性模式。我们会用一些小故事来介绍这些概念并为理解这些模式提供相应语境。随后，我们论述这些模式的优缺点，并考虑这些学生事务模式与学生成功的关系。

第一节　关怀伦理模式

本章第一个讨论的模式是关怀伦理模式。尽管本章的每一个模式都将学生置于学生事务的最中心位置，但该模式的焦点在于关怀和关系。

133 **关怀伦理模式的理论基础**

吉利根（Gilligan, 1982）的关怀伦理及内尔·诺丁斯（Nel Noddings, 1984）对此理论的扩充构成了该模式的理论基础。该模式的特点是：回应学生需求，以促进学生成功为目标的服务，整合服务、政策及项目，以关怀伦理为中心的实践。

早在 2000 年，学生在学率问题使亚当斯大学［Adams University（化名）］面临严峻挑战。大一新生在学率连续四年下降，学生调查数据显示，学生普遍对咨询质量感到不满，极少使用学术支持服务（如课外辅导），并感觉学校很少帮助学生取得学术成功。任务小组被组织起来负责制订计划以改善上述状况。

> 该任务小组撰写了一些逻辑清晰的建议，这些建议以学生发展理论和《学生学习是当务之急》《将质量纳入大学生教育》等一些有影响力的著作为基础。他们详细制订了一项“学生成功计划”。该计划的关键在于整合服务以更有效地满足学生需要，尤其是那些大一新生的需要。学生事务副校长及教务长负责该计划的落实。
>
> 学生成功中心的创建是该计划首批倡议之一。尽管学生在这之前也能获得咨询、辅导等服务，但这些服务都散落在不同部门的办公室里。学生成功中心整合了辅导、学术咨询、计算机指导、学术技能发展、考试及实习、事业规划等服务。总体而言，该中心满足学生在获得学位及养成终身学习习惯过程中的各种需求。专门为大一新生制订的计划包括第一年朋辈指导计划和帮助学生评估其写作水平的互动式计算机模拟。更为重要的是，该中心使学校有机会更清楚地阐明关于学生成功的共同愿景及理念。
>
> 尽管学生成功中心打算在一处便利的地方提供服务，但为了更好地满足学生咨询与一般学术支持需求，学生事务部门意识到有必要对服务进行额外拓展。为实现这一目的，事业发展中心资助了一大批在宿舍开展的拓 134
> 展项目。“套间谈话”就是其中一项，它使学生能在宿舍的套间里谈论正在商议的教育目标、事业咨询、简历制作及安全可靠的实习。该中心还与餐厅合作，为大四学生提供一系列餐桌礼仪服务，帮助他们在饭局面试中获胜。该中心成员还把在学生活动场所开展一个月的研讨会定为他们的目标之一。

学生成功中心发展和提升学生支持服务的描述反映了学生型关怀伦理模式的许多特点。学生需求是该模式的重中之重。“关怀意味着走出个人的参照系而进入他人的参照系。当我们关怀他人时，我们从他人的角度、他的（原文如此）目标需求及他对我们的期待考虑办事。”（Noddings, 1984, p.24）不管是以肯定性的方式（如迎新活动领导力培训），还是以反应性的方式（如纪律行为）行事，关怀伦理模式都将学生需求置于中心位置。即使学生事务教育者知道处理个体学生事务十分耗时，但他依旧会实施关怀行为。

卡罗尔·吉利根（Carol Gilligan）在1982年撰写了一本关于女性心理和道德发展的经典著作。《不同的语音》（*In a Different Voice*）是一部关于人类发展的重要经典著作。她的理论以关怀伦理而非正义伦理为基础，为几代学术事务教育者解读心理发展提供借鉴。吉利根著作中有些石破惊天的设想。第一个设想是，先前被认为是“中立的”心理和道德发展理论实际上却与性别有关。在她之前，流行的人类发展理论（如 Kohlberg、Freud、Perry）建立在研究男性主体上，却被广泛应用于男性和女性。吉利根重新定义了先前被认为低于男性的女性发展，将之视为不同的而非有缺陷的发展。

吉利根的第二个设想拓展了霍多罗夫（Chodorow）关于女性生活中关系角色的理论。“女性身份构建是在一个持续的关系中形成，因为母亲往往将其自身的经历视为与其女儿一样的或者持续的经历。”（Gilligan, 1982, p.7）女性在
135 关系和联接的语境中发展，而男性则在自主与分离的语境中发展，这一理论得以成型。吉利根的著作在 1982 年出版以后，关怀伦理理论被很多人讨论、完善及扩充。该著作的影响不可小觑。

另外一些对以关怀伦理模式处理学生事务产生影响的是施罗斯伯格（Schlossberg, 1989）的边缘与重视（marginality and mattering）理论及伦登（Rendón, 1994）的有效性过程 Process 理论。施罗斯伯格强调在未参加与开始接受教育前，必须让学生感到他们受重视了。因此，教育者必须提供私人关心和支持，以此向学生表明他们受到了关怀。当学生失败或成功时，必须有人安慰或祝贺他们。有效性特别指的是理解一些学生，他们进入高校但不确定自身是否有取得成功的学术能力。有效性的实施包括积极地加强利用学习支持服务，鼓励参加校园组织，在教师、学生事务教育者及员工在学生取得成果时给予赞誉。这些措施帮助学生在学习能力上感到自信、增加他们的自我价值感、感到自己有能力为学术社区做贡献。作为一个已经充满关心和联接的领域，诺丁斯、吉利根、施罗斯伯格及伦登的理论深深影响了学生事务实践。

关怀伦理模式的特点

关怀伦理模式承认，有些学生进入高校但未达到要求的学术水平，或是对自己的能力缺乏信心，或是没有在高校获得成功的社交技能与资本。该模式强调，高校要为学生提供成功所需的学术、个人及社会支持上负有道德和教育责任。需要注意的是，在一些教育功效好的有效教育实践研究记录院校中，此举并非一味降低学术标准或“溺爱”。相反，高校提供改善学生行为所需的资源与技能发展机会，以及为学生提供达到成功标准所需的援助。

136 关怀伦理模式关注那些最需要帮助的学生。例如，与转业生相比，许多高校更加注意大一新生。结果，转业生通常不熟悉其可获得的资源、服务及院校特征。同样麻烦的是，他们在学术及社交活动上与其大一同龄学生很少有共同点，也不能与其他转业生轻松地交流。因此，他们常常会感到孤立。但是，有效教育实践研究记录中使用关怀伦理模式的院校是这样对应此种挑战的：他们

欢迎并向转业生介绍本校。例如，在一所有效教育实践研究记录高校中，每年入学的新生大约一半是转业生，因此，该校根据需求为他们专门组织了另外的迎新项目和支持服务。特别开设长达一个学期的“本校简介”课解读本校政策、要求、办事流程及校园资源。职业服务为转业生提供关于实习机会的信息服务。如果他们对所学专业不清楚的话，学校还会介绍这个专业。代表学生和学术事务的校园在学委员会检查转业生的数据，确保已经提供合适的服务。

在关怀伦理模式的指导下，学生事务部门开展服务和项目，目的在于促进学生成功和使学生发展成果最大化。当服务都联系在一起以及建立了安全网络后，很少有学生会失败。当学生事务和学术事务合作处理这些事务时，这些计划会更有效。

关怀伦理模式的优缺点

关怀伦理模式的第一个优点是，它能为学生提供清楚无误的服务。该模式下的“服务”不同于本书第四章学生服务模式中的“服务”概念。学生服务模式依托于行政便利与程序，关怀伦理模式中提供的服务则是以学生事务教育者能力范围为前提，包括学生事务教育者能为有需求的学生付出的时间、以最体贴关怀的方式帮助学生，以及营造一种尊重社区每位成员的氛围。该模式是高 137
度个人化的，因为关怀必须依据每个学生的需求而定，但同时它也必须包含一种更为宽广的职业操守，确保每个学生通过项目、认可与互动都能明白他们受到重视，并且学校致力于帮助他们获得成功。

该模式的第二个优点是，它创造的环境是充满关爱的。当工作人员充满关爱时，整个校园都弥漫着信任。社区建构变得更加容易，因为学生获得了必要的情感支持以形成健康的关系、从事富有建设性的行为，以及追求能激发参与和投入的发展任务。教师、学生事务员工及同学给予的正面信息能帮助学生巩固他们在学术社区的归属感及价值存在感。这种感觉对于那些长期被忽视的学生尤为重要，因为他们更容易质疑其参与价值的大小及学校支持他们成功的力度。

该模式的主要缺点十分明显：非常耗时。由于财政限定、学生日益增加的心理和情感需求和逐年攀升的大量学生事务工作，以劳动密集为特质的关怀伦理模式可能很少在学校中使用。该模式的另一缺点在于，可能会把学生当作孩童一样对待。由于该模式几乎全部是围绕关怀建构起来的，在实际的学生事务中，必须谨慎避免家长式的和过度保护式的方法。适度照顾是关怀伦理模式常见的流行形式。学生事务教育者很明显不是家长，但该领域的工作人员却长期扮演家长的角色。任何使用该模式的人员必须小心谨慎，以免使关爱变成溺爱。

第二节 学生导向模式

学生导向模式是第二种学生型模式。该模式的一些设想包括：相信学生管理学校功能的能力、理解学校环境在教授学生领导力技能上具有的潜力、相信赋权学生。

138 在优胜大学［Superior University（化名）］的 3 000 名入学新生中，大概有一半的学生住在校内或者离校园很近的地方。尽管是全日制学习，但几乎所有学生每周都会工作 20 个小时。大多数学生都是从该地区高中毕业后考进来的，超龄学生只占少数。许多学生都符合联邦勤工助学要求，他们都以各自的方式支付校园开支。那些平均每周工作 30 个小时的学生能负担起学费和生活费。很少有学生工作只是为了挣零花钱。然而，尽管优胜大学的学生在工作上花费大量时间，且和那些规模小的寄宿制大学里只工作不到 5 个小时的学生选修一样多的辅助课程，但他们对其大学生活质量感到满意。另外，优胜大学还有令人满意的在学率和毕业率。

学校一直都致力于使学生参与校园机构组织。学校规定，所有政策委员会（除人事委员会外）至少要有 20% 的学生代表。许多教职员，尤其是那些小部门的教职员，依赖高年级学生帮助他们规划发展项目及担任教学助理。当选择性拨款通过校园兼职被用于开展各种更有意义的学习活动时，教务部门与学生生活部门的联合计划使校园学生兼职规范化。教师及管理者申请资金时需要提供校园工作岗位描述。大学委员会定期检查这些岗位，以确保所提供的职位与学生学习相关。因此，学生兼职研究助理、校园摄影师、景观设计师、社区服务及健康项目主管。目前，优胜大学里学生兼职的岗位在其他大多数学校是由全职员工担任的。

兼职学生的大量使用使学生受益良多。许多学生得以参加校园活动，如大型演奏会、聚会、讲座及诗歌诵读会。彰显学生才能的周五咖啡屋之夜每周都吸引数以百计的学生参加。大多数项目都由学生及学生事务工作人员筹划并实施，为学生领导者技能发展提供大量帮助。例如，宿舍生活
139 专家开展一项培训项目，教授宿舍助理及学生领导者们在校园活动中如何合作、最大化使用资源、发展互动教育活动及提升项目。此外，优胜大学

> 学生和学生事务工作人员，尤其是财政援助及职业服务中心员工，一起与对此感兴趣的教职员在当地社区服务中密切合作。合作目标在于提高学生在现有社区计划的参与度。社区服务勤工助学项目雇佣那些获得奖项的学生从事社区服务。在优胜大学通过该项目全面利用资金后，这些社区计划就被扩大了。该工作也增加了学生从事校园—社区伙伴关系协调员的数量。

在该故事中，学生投入和领导才能是核心操作原则。在学生导向模式中，焦点在于发展学生作为同龄人教育者和领导者、将学生视为学校社区必不可少的组成部分。学生组织校园活动，并且高质量地参加辅助课程。通过批准学生进入委员会、选择性拨款以及雇佣大量学生，学校实现自身管理。该计划促使学生有建设性地参与到不同层次的学校组织中。

学生导向模式的理论基础

19 世纪中期，学生活动给美国大学带来深刻改变。文学社团及大学生联谊会等学生组织的活动给校园带来了新的活力。鲁道夫（Rudolph, 1990）认为，活力四射的课外活动证明了学生在校园生活中已经取得很高的权威地位。美国高等教育的历史表明，这些早期组织迅速成为校园生活中的必要组成部分（Horowitz, 1987）。学生导向模式是学生权威及其在校园生活中责任的延续。

学生投入理论。阿斯廷（Astin, 1977, 1984, 1993）的投入理论是学生事务
中学生导向模式的理论指导框架。该理论认为，学生在学术活动上投入的生理 140
及心理精力与大学对学生的影响成正比。同样重要的是，学生如何安排校园时间会影响其教育所得。

帕斯卡雷拉和特伦兹尼（Pascarella & Terenzini, 1991）将阿斯廷的理论简练地总结为“*学生通过投入学习*”（p.50，原文为斜体）。阿斯廷（1984）的理论包括：弗洛伊德的心力贯注概念（心理精力投入）和学习理论中的任务时间概念。投入理论建构在 5 个假设基础上：（1）投入需要在“客体”（如任务、人、活动）上投入心理和身体精力；（2）投入是一个持续不断的概念，不同的学生在不同的客体上将会投入不同量的精力；（3）投入有量和质的性质；（4）学习或发展的成果直接与投入的数量和质量有关；（5）“任何政策或实践的教育功效都与其调动学生投入的能力有关”（p.298）。

尽管大多数学生事务部门都积极支持学生投入概念，但学生导向模式将学生投入向前推进一步，使之更接近学生投资。学生导向模式在重要的校园活动上有策略有目的地建构学生投入。该模式在学生才能及领导能力上投资。学生

事务部门内长期鼓励雇佣优秀学生兼职专职人员（Winston & Ender, 1988）。但在学生导向模式中，专职人员专门为全职的学生事务工作人员而设，在各种领域中尽职尽责。这些领域包括：学术咨询、助教、咨询、健康教育、职业发展和实习、入学、药物和酒精教育、社区服务和志愿者协调、娱乐项目。使用该模式的院校雇佣学生或使学生志愿参加建筑设计及筹划、项目管理及运营和委员会领导。学生导向模式依赖于学生的才能及学校的投资。通过参加有意义的
141 校园活动，学生成为校园社区的必要成员。他们积极致力于建设校园与社区生活并对此负责，同样他们也对学生项目的质量负更大的责任。

学生导向模式证明了投入理论的关键之处，因为学生越多地参加校园生活，就越能取得更积极的产出（Astin, 1984, 1993; Pascarella & Terenzini, 1991, 2005）。通过投入，学生在与同龄人及教师和其他校园成年人频繁互动交流中获益。

学生参与。它是从学生投入理论中衍生出来的第二个与学生导向模式相关的概念。学生参与有两个关键的组成部分。第一个是学生在教育活动中花费的时间与努力。这些由学校设定的活动能导致一些预设的学习产出。第二个是学校有意分配资源及组织学习机会和服务，以吸引学生参加活动并从中获益（Kuh, Kinzie, Schuh, Whitt, & Associates, 2005/2010）。因此，学生参与是学生和学校共同努力的结果。为积极投入和参与校园生活，学生必须做好准备。但是，为鼓励学生投入，学校必须有效安排资源，塑造环境和设备，定夺政策及筹划服务和项目。学生和学校双方都不可能单独地激发学生参与的学习潜能（Kuh, Kinzie, Schuh, Whitt, & Associates, 2005/2010）。

学生参与在学生导向模式中得以完成的一个重要原则在于，学校将学生的精力导入能促进学生学习和发展的活动中。在先前故事中的学校里，学校领导通过增加校内兼职数量和质量而有意降低学生校外兼职数量。有研究表明，参加校内兼职的学生更敢于坚持（Pascarella & Terenzini, 2005），因此，有意义的校园兼职活动就能产生有意义的教育成果。学生有机会将其所学应用于实践中，这可以为他们今后毕业找工作做准备。因而，有策略地筹划校园工作机会能增加学生参与度及成功。

142 **重视**。学生导向模式的另一理论基础是施罗斯伯格（Schlossberg）的“边缘与重视”（1989）理论。他认为，学生越是能感觉到其工作被需要和理解，就越能得到被重视感。当学生受邀有偿或义务地发挥其才能并被认可时，教师和管理者表达重视，学生就会感到被重视。当责任感、成功感及理念被认可时，重视感就产生了。尽管施罗斯伯格将重视感视为学生投入的前提，但当学

生明白他们在社区受到重视时，校园生活的投入和参与才能维持下去。

在学与融合。和学生投入、学生参与及重视感一样，廷托（Tinto, 1993）的融合理论表明，不论是学术的还是社交的，校园里的投入对学生成功和坚持十分重要。该理论阐明，学生受与其学校学术和社交系统里员工及结构互动交流的影响。学生越能融入学校，就越有可能继续学下去。当学生十分认同学校的文化、意图与目标时，该理论就在学生导向模式里起作用了。学生导向模式培养学生对其学校的认同感，该认同感又会提高学生的在学率。

学生导向模式的优缺点

该模式的第一个优点在于，它丰富了学生课外学习。那些早期文学社团及大学生联谊会的学生发起者认识到了课外学习的潜力。实际上，文学社团成立是因为学生对课内学术活动感到失望（Rudolph, 1990）。近来，正如纽顿、恩德及加德纳（Newton, Ender, & Gardner）所支持的那样，同龄人教育者或专职人员带来的好处包括：学习新技能、获得相关经验及为学术社区做贡献。此外，同龄人教育者对学术机构十分有用，因为他们在校园里的丰富经历能有效地帮助其他学生。在课外活动或校园工作中，从参与和学生投入中获益的不只 143
是作为同龄人教育者的学生。有效教育实践研究记录研究中的一个发现表明，在几十年的学生事务工作中，学生更能吸引同龄学生参加有教育目的的活动。尽管学生事务教育者提供学生投入所需的结构、鼓励及监管，所有学生都从这种高投入度与高策略的专职人员助理兼职中获益。

该模式的第二个优点在于：一方面学生广泛参与学校投资项目，在领导者经历与有意义联系中获益；另一方面学校也从高在学率及丰富多彩的学生生活中获益。学生导向模式产生归学生所有的学校项目及服务。该模式中，学生对校园生活的贡献受到认可且被学校领导高度重视。正如有效教育实践研究记录中一位学生事务专家所言，"'学校需要学生来管理'。另外一位说道……（学校）作为非营利性组织，其成功在于志愿者"（Kuh, Kinzie, Schuh, Whitt, & Associates, pp.149–150）。

该模式也为资源不足的院校提供了一种方式，将其必需的财政重构为教育赋权活动。专职人员助理及同龄人教育者可以使学校资源惠及更多的学生，学校员工也将从此活动中获得巨大收益。例如，对于相关的主题，导师通常比他们指导的人有更多了解（Pascarella & Terenzini, 1991, 2005）。

专职人员助理能以别的方式扩大服务，这些服务在资源有限的校园中是没有的。更为重要的是，他们的投入加强了社区的联系。学生导向模式在学生与学校之间培养了一种强烈的认同感。学生获得重视感。在专职人员助理作为领导者及校园员工兼职中，同龄人在他们营造的充满关心和被重视的环境中受益。这种学习氛围提高了学生的在学率及满意度，并且丰富了教育活动。

144 教师及管理者也在与专职人员助理共事中获益。例如，在一所有效教育实践研究记录院校中，大四的学生导师和教师一起搭档教大一新生课程。导师负责与教师共同创建课程与作业，协助辅助课程学习活动以及指导新生。教师在这些课程中从导师那里学到当下大学生如何回应课堂作业和活动，以及如何修订政策以在学生行为上达到预期的效果。最重要的可能是，导师在改善课程及教师教学上能提出新想法。的确，许多有效教育实践研究记录中的教师都告诉我们，与导师或同龄人助教共事更新并加深了他们对教学的热情。

投入理论（Astin, 1990）、学生参与（Kuh, Kinzie, Schuh, Whitt, & Associates, 2005/2010）、重视与边缘理论（Schlossberg, 1989）是学生导向模式的理论基础。该模式在大多数以传统学生为主的院校中实施良好。但该模式并不是十分适合当下大学生及高校的现状。例如，在一般高等教育机构或一些特别院校中，那些长期被忽视的学生可能发现很难达到学生导向模式所期望的投入程度。在一些院校中，学生主体的传统权力可能阻碍学生去参加一些他们可能认为不是为他们举办的活动或项目。尽管学生导向模式最传统的形式包含这些缺点，但显而易见的是，该模式的调整能提高与当下学生的关联性及应用性。与从前相比，尽管当下的学生涵盖更广的年龄、经济背景、教育准备以及其他特征，但对于那些将该模式的原则应用于传统领域的学生事务教育者而言，该模式作用显著。有效教育实践研究记录研究表明，所有的学生，不论其层次如何，都希望获得丰富的学习经历。尽管传统方法中的领导投入度可能达不到所有学生事务教育者所期待的水平，但只要调整学生导向模式，就有可能在某种
145 程度上塑造一种惠及所有学生的学习环境。事实上，有效教育实践研究记录院校的另一特色在于充满大量的机会，因此也就产生了高于预期的学生参与度。

雇佣学生为专职人员助理也带来了挑战。弗莱高尔特、马洛尼及特里维诺（Frigault, Maloney, & Trevino, 1986）认为，在实行专职人员助理项目时，学生事务部门必须要明白它不断加在员工身上的要求。专职人员助理提供额外的员工资源，但也在培训和监管上增加员工职责。本尼迪克特、卡斯珀、拉森、利特尔佩齐及潘克（Benedict, Casper, Larson, Littlepage, & Panke, 2000）注意到，专职人员助理带来的挑战有：培训过程中学生的缺失，学生学术生活和办公室工作之间缺乏平衡，对这些学生要求过高，由于与课程冲突而限制工作时间，这些项目所必需的时间和金钱，有偿职位和无偿职位间的竞争。

最后，采用学生导向模式的挑战在于它并不能认识和利用学生的才能。只有有效且高效地管理该模式，学生成功率才能提升。采用该模式就必须精心地有策略地雇佣专职人员助理和同龄人教育者，某种程度上说，这就要放弃一些控制和权力。考虑使用该模式的学生事务部门必须决定他们愿意在学生身上投注多少信任和信心。

第三节 学生能动性模式

本章讨论的第三个学生型创新模式是学生能动性模式。该模式超越学生导向模式之处在于，学生完全对自己的生活负责，并在生活中与教职员是完全平等的伙伴关系。

> 沃伦大学［Warren University（化名）］规模小，且大多数学生是住校生。该校目标明确、价值理念清晰且充满合作氛围。该校全体师生员工都致力于将学校建设成高强度的赋权教育场所，进一步发展公民参与和社会责任理念。该校的特色在于非同寻常的功能平等主义及特别层次的关爱和社区。从入学第一周起，几乎所有的学生都参加了一些活动。该校向 146
> 学生灌输在校园重要区域树立集体责任感的理念。朋辈导师在写作中心工作，筹划主要活动，执行荣誉规章，服务于学校委员会及任务小组。他们还在社团和组织中担任近 700 个领导职务。
>
> 学校的荣誉规章使学生适应沃伦大学的文化。学生带有敬意地谈论荣誉规章。一名大四学生说：“沃伦大学允许你犯错误，从中吸取教训。你要对同学负责，学会彼此信任。”同样重要的是，学生之间彼此负责。
>
> 一些重要的经验是学生从对其行为承担责任中学到，而非从课本或课堂中学到的。早在入学前，学生就对此有所耳闻。入学后，高年级学生会告诉他们什么可做及什么不可做。荣誉规章检查员（honor code oritenteers, HCOs）监察新生的行为是否符合规章要求。他们开展荣誉规章问题讨论，为教师和学生提供有关资源。
>
> 秋季学期快结束时，由学生、教师及学生事务管理者组成的沃伦大学新生核心委员会开会商定下一年新生学期话题建议，讨论如何使学生适应荣誉规章。该委员会主席由新生活动主任及一名大三学生共同担任。该大三学生召集会议，而小组主要根据学生反馈很快地决定话题。随后，学生

选取一个话题作为新生活动主题以整合这些活动、相关课程及辅助课程活动。一名大二学生和一名学生事务员工同意担任下属委员会主席以筹划该主题的组成部分。接下来，该委员会讨论荣誉规章检查员如何在帮助学生制定宿舍社区标准上发挥更大作用。

学生能动性模式的理论基础

班杜拉（Bandura, 2001）将个体能动性视为控制个人生活属性及质量的能
147 力。成为一个能动者（agent）就是要通过行动有目的地使事情发生。能动性的核心特性使学生能在其发展和学习中发挥作用。“能动性”一词已在社会学理论中被彻底详尽地讨论过。吉登斯（Giddens, 1979）尤其支持行为主体及其与结构和权力的关系。他认为，“‘行为’或能动性……并非指的是将一些互不相干的行为聚在一起，而是*一种连续的行为*”（1979, p.55，原文斜体为强调）。与学生能动性模式最相关的理念是：人是其行为有意识的能动者。人类能动者，或者说学生，监视并使其行为理性化以做出有目的和有意识的选择。该模式与家长式方法形成鲜明对比。后者将学生视为非理性的行为者，有时会做出不当的选择或根本就做不了选择。相反，能动性理论认为，所有人在某种程度上都有做出选择的意识。

学生能动性模式的特点

当学生变成知晓一切的有意识行为者时，他们就被赋权，积极参与到教育中。当一种氛围被创建及学生想要为其教育负责的途径也被制定时，学生赋权就开始了。他们是其学习过程的能动者。学生事务实践在学生能动性模式中采用放手而非控制的方法使学生获得成功。入学前通过预期社会化过程交流而达成的高期待为学生负责的教育氛围定调。事实上，当学生能动者依靠其自身时（免受专业人员的影响），他们就有能力从事自己愿意的行为，因此也就被赋权了。他们有能力制定有关个人或团体的目标或做决策，从中产生的初步结果十分重要（R. Jeep, 私人通信，2005 年 4 月）。由于教师和管理者创造赋权而非限制的结构，学生在创造、学习及分享知识中获得所有权，也就积极参与到这些活动中。

学生能动性模式不像关怀伦理模式那样以个体学生需求为基础而制定和执
148 行活动，相反，它要求学生事务员工将学生视为主动的整体而加以赋权。学生事务部门采取该模式就能制定政策和体系以促进学生投入。他们为学生领导者提供培训和支持，从而使他们变得更有能力。但归根结底，活动、决策及项目都由学生负责。

先前的故事概述了沃伦大学如何在其平等主义理念和学生高度参与的信条下开展学生赋权。相信学生有能力成为赋权的能动者，这是学生能动性模式的核心理念之一。学生的主动性受到鼓励，对学生参与决策制定及管理的高期待被设置和培育。与那些将管理者置于中心的模式实践不同，学生成为学习过程的首要能动者。尽管学生事务管理者要扮演重要角色，但将其角色视为指导者与帮助者会更加有益。虽是一种学生型模式，但学生能动性模式在学生事务领域看起来十分陌生。那些习惯操控项目及对学生发号施令的学生事务专家会发现，该模式极少有占主导地位的管理者。

学生能动性模式广泛见于一些以文科专业为主的院校及学生事务部门。在一些不墨守成规、敢于创新与大胆实验的院校中，该模式也十分适用。这些院校或部门期望学生尽可能多地为自己的教育负责，并认为以学生能动性模式处理学生事务是实现该目标的关键所在。

在有效教育实践研究记录中，尽管所有教育效能好的院校都采用学生能动性原则，但只有部分学生事务部门全面地采纳该方法去促进学生参与和成功。在这些案例中，学术课程和辅助课程被用来培育实质性的学生义务与责任。例如，一所有效教育实践研究记录院校要求学生通过安排课程进度来对其学习负责。教师将课程计划列在图书馆专门的公告栏中，学生将想法与评论附在这些 *149*
计划后面。这样，课程的最终形态由学生和教师合作完成，而他们也被视为教育过程中的“合作学习者”。学生会就课程的整体形态、视野及内容向系主任和教师提建议。

制定决策时的共同管理和学生投入是学生能动性模式的其他主要特征。校园管理结构及过程依赖学生的参加和领导。尽管大多数学生事务部门邀请学生参加委员会，但在学生能动性模式中，管理者不仅仅是寻求学生参与和意见。相反，在学生能动性模式中，机构管理过程中的重大举措是由学生负责的。管理真正成为学生、教师与管理者三方之间平等的合作。有效教育实践研究记录院校中一位支持该理念的学生领导告诉我们：

> “我所在的委员会要筛选一位建筑师。我不喜欢其中一家公司的设计，我们花了两个小时来谈论我的顾虑。”另一位学生也赞成，“他们平等对待我们。我的选票和教师的选票有着相同的分量。”又一位学生认为，“他们知道这是我们的学校，并且他们想知道我们想让学校如何运行。”（Kuh, Kinzie, Schuh, Whitt, & Associates, 2005/2010, p.169）

作为承担责任的回报，学习环境大大丰富了。

有效教育实践研究记录院校中还有其他一些关于学生主体的案例。在堪萨斯大学（University of Kansas），学生会负责组织包括社区拓展中心（Center for Community Outreach, CCO）和多元文化资源中心等在内的一些主要项目。如果没有学生的提议和“负责”的态度，这两个中心根本不会成立。在众多的学生参访中，学生就管理者及教师鼓励他们“主动参与”各种各样的大学活动并为这些活动负责一事发表看法。这带来大量的“学生赋权”，而这又使学生高质量地投入各种机构活动（NSSE, 2004c, p.31）。

150 在位于华盛顿的常青州立大学（Evergreen State University）中，创新和拒绝“标准化”是其根本价值观念之一。这样，该大学就不受常规（通常是无效的）学术惯例限制，转而可以支持合作帮助学生对其教育负责，并为学生提供成长自由，尽可能不受智力惯例或限制影响。他们发展了一套有效的教育方法，该方法特点在于学习的个体责任及教师的关心和培养。这种创新和自由与以学生为合作者而非咨询者或观察者的学生事务实践十分契合。常青州立大学也许是运用学生能动性模式最显著的院校（NSSE, 2004b）。

在教育中赋予学生话语权及选择权，这一概念可追溯至约翰·杜威（John Dewey, 1916, 1940）的著作以及一些教育的进步运动。他呼吁，教育应该鼓励学生成为校园的一分子，在与他人合作中积极追求个人兴趣。这种在教育者指导下的自主学习过程为学生成为民主校园中的负责主体做了最好的准备。

保罗·弗莱雷（Paulo Freire, 1985, 1990）在其影响广泛的著作中阐明了学生赋权在教育中的重大意义。他认为，通过培养“批判性思维”或对社会、政治、经济压迫的感知以及反抗社会中的压迫因素，教育有能力赋权给学生。学生则通过为自己的学习负责（以学生和老师两种身份积极参与）、增加对居住的校园的理解、懂得自己作为个体是如何被当前的和可能的政策及结构所影响而实现自我赋权。学生赋权的根本在于社会变革及多元主义。这些模式通常建构认知项目及其他社会公正活动以促进反抗和社会公正意识的觉醒。一旦采用该模式，教育者必须勇于挑战一些有关权力、社会公正及其他教育常规等根深蒂固的观念。

151 尽管典型的教育赋权理念聚焦于赋权的社会意义，这包括为民主和社会变革而努力，但莱特富特（Lightfood, 1986）将赋权定义为“一个人在自主、责任、选择及权威上享有的机会”（p.9）。此观点强调教育中个人在个体主体意识发展中的作用。为与民主及社区参与目标一致，学生能动性模式与社会行为及服务学习紧密相连。当学生完成服务学习项目并深刻地明白他们所学的意义时，他们就能更为清晰地理解大学与社区之间的联系。

学生能动性模式的优缺点

学生赋权意味着让学生介入教育事业的运转及走向。当学生意识到要为其教育活动的质量负责时，他们就很有可能会感受到在学习和成功中的参与感。有效教育实践研究记录院校中的一名学生简明扼要地说：“*学生在这里获得很多的权力，他们就十分乐于参与。我们真实地主导我们的生活，因此，我们认为我们将对一切负责。它是如何刺激你承担责任并取得成功，这真让人惊讶不已*。”（Kuh, Kinzie, Schuh, Whitt, & Associates, 2005/2010, p.2，原文斜体为强调）学生事务专家如果能在决策中增加学生的投入度，为他们提供制定与实施新想法的机会，那么这些专家就能为学生创建优质的学习机会。

从学生主体角度出发的教育将传授学生权利及责任。这种权衡不仅教会学生如何做出与其生活相关的决定和选择，而且有助于培养其独立性。通过让学生积极参加并致力于校园社区生活，学生得以参与其学习，而这又有助于培养学生的自主性及个人责任感。

与学生导向模式相似，学生能动性模式同样也依赖学生工作者、专家助教或者同龄人教育者提供大量的学生服务。然而，在学生能动性模式中，这种投 152
入主要将学生视为教育者。例如，在一所实行学生能动性模式的有效教育实践研究记录院校中，学生既是导师又是同龄人教育者。在一所院校中，导师必须要获得大学阅读和学习社团的认证，平均学分绩点要保持在3.0，并且每个学期要完成一定工作小时数。通过对有质量的导师及同龄人培训进行投资，并为学生提供培训的学术分，这些院校使同龄人教学合法化。该教学为共享学生学习的责任提供渠道。另一所院校雇佣学生导师协助学生做研究。大三、大四及研究项目的主要检测者指导大一学生。监督项目的教师又反过来指导高年级学生。这种合作模式以有意义的方式增加学生参与科研的程度，并将教师和高低年级的学生联接起来。

经常在学生事务中使用的任务型方法与学生能动性模式难以相容。当然，也有不少学生事务教育者感叹将项目、服务计划及执行交予学生的低效。然而，学生主动性正是学生能动性模式想要达到的目标。在该模式中，项目和服务可能会效率低下并有些混乱。学生为满足其需求可能每年或每两年就会重建该体系。在重新处理这些问题时，管理者会发现那些他们解决不了的问题都已经被解决了。这些连续的创建与重建是学生能动性模式的核心所在。采用该模式的学生事务教育者肯定极能容忍不确定性及重复。

在学生能动性模式中，学生要批判地审视形势，做出周全深刻的决策。然而，有效教育实践研究记录院校中不止一位学生事务教育者告诉我们："学生陷入自由与责任的冲突之中，缺乏明确的界限，他们有时就会失败。"（Kuh, Kinzie, Schuh, Whitt, & Associates, 2005/2010, p.123）事实上，学生能动性模式将学生犯错视为其学习的重要组成部分之一。

153 **学生型模式在哪些院校最有效？**

在我们看来，学生型模式在一些严格控制入学申请的小型非营利性本科院校尤为适用。为使该模式运行，学生必须要自信、独立及敢于承担重要责任。

虽然学生能从他们参与的一些活动，例如做宿舍助理中得到一些报酬，但学生型模式会占用学生大量时间。如果学生被录取之后就要工作的话，他们就不会有时间供职于委员会、任务小组及组织执行董事会。因此，院校必须要有一个强有力的财政补助项目，招募那些不需要财政救助的学生，或者采用其他控制成本的方法。

我们认为，当学生人数庞杂，包括兼职学生、成年返校学习生或有重要职责的学生时，学生型模式将不会取得预期结果。尽管这些学生有浓厚兴趣参与院校生活，但他们可能没有时间。在一个极少容忍错误的环境中，不建议使用学生导向模式。不管学生表现得如何优秀，他们都会犯错误。学生在为其同龄人筹划和实施服务、项目、活动及其他事情上犯错误时，假如外部环境不允许犯错，学生事务员工很有可能花费大量时间道歉。学生事务员工必须要把这些情况转换成积极的学习活动。

在一些如家长和立法委员等外部股东高度参与的院校中，学生能动性模式最不可能发挥功效。那些外部参与者通常都要求学生能动性模式提供不了的专业和服务水平。对于这些股东来说，这种教育（通常特征为通过错误来学习）看起来是最没效率的。在消费者看来，市场需要的是高度精良及快速运转的服务和项目，而这恰恰是学生能动性模式所欠缺的。

154 **结　论**

通常在学生事务中，如果一些预防措施将问题解决并且学生在精心设计的环境中快速成长的话，我们的努力将是隐形的。在学生能动性模式中，错误难以避免。该模式内在的混乱性显而易见。因此，我们该如何评价学生能动性模式中的教育进步和成果？该如何衡量学生能动性模式中的成功？参与和过程是学生能动性模式中决定成功的关键因素。在几所有效教育实践研究记录院校中，学生能动性模式的优势在于取得比预期要高的学生参与度和毕业率。

诚然，学生导向模式并不适合所有的院校，它们也不是一套处理学生事务的简单方法。事实上，可能很少有院校或学生事务部门能有效地实施这种模式。然而，作为一种聚焦学生赋权及主动性的创新方法，很多院校及学生事务部门很有可能会从其原则和理念中受益。

讨　论　题

- 哪些院校特征不利于学生型模式的实施？哪些特征又有助于提升这种改变？
- 在学生事务部门中，有无采用学生型模式的专门部门？有无不采用此模式的部门？为什么？
- 学生如何把校园塑造成以学生为中心的校园？
- 学生事务文献中哪些理论支持学生型方法？
- 校园如何联合教师来支持学生型模式？

第八章

学术型创新模式

155 自从《强力伙伴关系》（AAHE, ACPA, & NASPA, 1998）出版以来，学术事务和学生事务之间合作的呼声越来越高。随着学习社区、服务学习、新生课程以及其他依赖学生事务和学术事务间合作计划的出现，这种伙伴关系进一步增强了（Sandeen, 2004）。合作的必要性体现在应对当下校园挑战上，如建构包容性社区及限制性资源（Kezar & Lester, 2009）。尽管建构学生事务和学术事务伙伴关系基于提高院校功效和管理功能（Kezar & Lester, 2009; Martin & Murphy, 2000; Schroeder, 1999a），但最根本的依据在于，此类合作有助于学生的学习和成功（Garland & Grace, 1993; Schroeder, 1999b; Schuh, 1999）。

诚然，学生事务和学术事务悠久的历史及传统为促进学生学习与发展提供互补性支持（Price, 1999）。对学生成功的关注更有力地促成这种合作。一份针对在18所院校中检查学生参加学术事务和学生事务间伙伴关系项目的成果的最新研究表明，学术事务和学生事务部门间的合作在帮助院校实现预期的学生成果及促进学生学习和成功上发挥了重要作用（Nesheim 等, 2007）。格拉希
156 （Guarasci, 2001）认为，学术事务和学生事务间缺少合作的院校只能实现最低标准的学生成功。

那些将学术事务和学生事务部门联系在一起的院校将学生学习置于合作的中心，凝聚院校力量实现学生成功。与本书第六章学习型模式中学术事务和学生事务分别致力于学生成功不同的是，在几所强调教育职责的有效教育实践研究记录院校中，一种更为创新的模式在于承认彼此间的共同领域，合作促使学生参与和成功。

强调以学术为中心和合作的学生事务模式能有效地处理学生事务，这种模式与教育职责一致，能提升学生学习成果（见表8.1）。

表 8.1　学生事务实践模式

传统型	创新型
课外型	学生型
学术课程外	关怀伦理
辅助课程	学生导向
	学生能动性
管理型	**学术型**
职能条块	**学术-学生事务合作**
学生服务	**学术导向**
学习型	
竞争对抗	
无缝学习	

在几所有效教育实践研究记录院校中，学生事务员工与学术事务员工及院校中其他辅助结构的伙伴关系令人印象深刻（Kinzie & Kuh, 2004; Kuh, Kinzie, Schuh, Whitt, & Associates, 2005/2010）。本章将呈现两种处理学生事务的创新方法，它们强调与学术任务合作并以学术为中心。第一种模式是学术-学生事务合作模式，其特征在于联系紧密的学生事务-学术事务结构以及在学生事务文献中被广泛论及的操作理念。该模式强调学生和学术事务间的无缝合作。第 157
二种模式是学术导向模式，它以学术为中心并全力将学术活动置于学生事务常见的辅助课程活动之中。在该模式中，学生事务在竞争激烈的学术环境中提高结构支持，积极回应严格的课程。有效教育实践研究记录中，一些重点院校更喜欢使用这类模式。然而，由于这些模式的特征在大多数有效教育实践研究记录院校中都能发现，因此它与学生成功有很大关联。

第一节　学术-学生事务合作模式

曼彻斯特大学［Manchester University（化名）］的学生领导力项目主任正在检阅新的顶峰体验提议，这是她作为文科教育委员的主要任务之一。这些提议由学术部门提交。该部门旨在促进辅助课程和高年级顶峰课程中要求的应用学习活动之间的合作。领导这次复审的主任为委员会制定了一套说明，这样他们就能评估辅助课程如何编入研讨班。起辅助课程作用的领导力课程一直都是曼彻斯特大学学生活动的亮点之一。将实用的领导力活动融入顶峰课程，这为大四学生创造了丰富的学习活动。

在这个秋季学期的早些时候，主任就和一小部分教师及学生事务员工设计评估学生学习成果的方法，比如独立学习、与他人协作、为他人服务。为增加学生服务项目与领导力项目之间的理论关联性，她一直都与商学及社会学教师保持合作。评估数据表明，通过理论和应用并置的结构，学生的学习得到提升。

过去十年，学生事务更加有意关注提高项目和院校学术任务之间的关
158 联。譬如，为提高与多元文化、艺术及服务相关的教育任务目标，宿舍员工与教师一起在学生宿舍创建主题楼层。通过参加学生活动及宿舍生活，教师参与项目指导的机会也增加了。学生领导力项目主任明白，只有和教师、文科教育委员会及校园其他方面合作，她的工作才能取得最佳成绩。尽管她处理大量的学生事务领导力项目，但她意识到，其工作在和学术任务紧紧绑在一起时将会更有教育效果。

她在接受学生报纸采访中说："现在我明白我的工作就是为与其他学术部门和教师合作寻求机会。这要求我全面了解学术文化，将我的工作定位在院校教育任务。起初，我担心我会放弃自己的领域，但我现在知道，当学生事务和学术事务合作共事时，学生学习会取得更多的成果。"

上述以曼彻斯特大学学生领导力项目主任视角来描述学生事务的故事是学生事务实践中学术－学生合作的典型案例。该模式强调学生和学术人员围绕共同的学生学习目标展开的有意义互动。尽管学生事务和学术事务会保持大多数特色功能，但它们会充分利用其领域的力量。例如，在大四顶峰课程中，学生领导力项目主任利用其广博的领导力发展知识创建实用的领导力活动。同样地，在宿舍员工创建主题楼层这一学术丰富项目时，教师的加入增加了宿舍的教育潜力。

在该模式中，学生事务专家和教师理解彼此的优势，进而一起合作共事促进完成教育任务。尽管各专业知识领域都受到尊重，但该模式的目的在于消融领域之间的界限。例如，在开篇故事中，文科教育委员会的内部合作就体现了
159 无缝学习，其共同的职责是提高学生学习及创建有效学习环境。委员会中教师和学生事务专家代表平分秋色，这进一步发展了该理念。

当学术事务和学生事务的力量及才能聚焦在一起提升学生成功时，强力伙伴关系就产生了。学生事务和学术事务之间的关系是互惠的，因为它们经常参与彼此的重要领域。在几所有效教育实践研究记录院校中，对学生成功的共同

关注促进了这种投入和伙伴关系。例如，一所有效教育实践研究记录院校将迎新活动、咨询、学习社区及学术支持服务融入学术事务部门。该校的学生事务副校长强调坚定不移地以学生成功为中心目标的重要性，甚至把学生咨询项目从学生事务移至学术事务。他说："我很早就不设计学生事务，尽管这一转移可能被视为学生事务的损失，但在支持学生上，我们现在是更好的工作伙伴。"（Kuh, Kinzie, Schuh, Whitt, & Associates, 2005/2010, p.167）副校长的合作心态是确保高效大学项目的关键所在。

学术－学生事务合作模式的理论基础

近年来，学生事务和学术事务的合作呼声已与讨论学生事务员工在学生学习过程中发挥的作用挂钩。包括美国高校人事协会及美国学生人事管理者协会在内的顶尖学生事务专业组织都提倡学生事务和学术事务之间的合作，并为创建校园学习环境提供模式。美国高校人事协会在 1996 年出版的《学生学习是当务之急》中就首先提出合作以促进学生学习。然而，在 20 世纪 90 年代初，合作还比较单一，主要强调教师参与学生事务项目，学生事务在学术领域很少有互惠性的参与。此外，布拉萨及克鲁格（Bourassa & Kruger, 2001）指出，在学术事务组织内很少见到类似的调整。尽管最初就缺少一致性，但在接下来的 160
几年里，该合作演化成较为复杂的全校范围的合作，要求教师和学生事务员工付出同等的努力。

尽管学生事务专家自 1994 年以来就已聚焦学生学习和同时强调与学术事务合作，但罗伯茨（Roberts, 1998）设想的学生学习作为一种校园内成员之间的合作性事务在美国教育委员会的《学生人事部门视角》（1937）就已出现了。该观点成为一种教师和管理者都接受的理念。它明确指出，高校应该鼓励教师、管理者及学生在内的所有校园成员合作创建高效的学习环境。尽管早期的重点是合作，但《学生人事部门视角》（1949）的修订却削弱了这一重点。它要求学生事务人员和教师的独立作用，在学生事务内建立有效的职能领域（Roberts, 1998）。《学生学习是当务之急》（ACPA, 1996）及其他呼吁建构院校内伙伴关系的国家性文件实际上重申了《学生人事部门视角》（1937）提倡的学生事务和学术事务合作的理念。

校园对学生影响的研究为学术-学生事务合作模式提供支撑。当学生事务和学术事务合作时，课内外活动都建构在彼此合作上，学生学习的机会就增加了（Kezar, 2003b; Nesheim 等 , 2007; Schroeder & Hurst, 1996; Whitt 等 , 2008）。假定学生学习会通过相互强化的课内外活动得到提升（Pascarella & Terenzini,

2005），那么学术－学生事务合作模式就更易于产生良好的学习环境和学生成功。学生事务和学术事务领域相互分离，学习就不会取得这些成果。

学术－学生事务合作模式的指导理念在于相信学生学习能超越管理等级和职能壁垒。学生事务和学术事务之间真正的合作是基于紧密联系的系统。在该系统中，各个部门能加深对其他部门文化的理解以及理解其他部门的能力，共
161 同创建有效的学习环境。成功的合作事业坚信，合作并不会降低合作者的重要性，或导致合作者领域的丧失。相反，合作将为校园全体成员，尤其是学生，改善环境。

学术－学生事务合作模式的特点

该模式强调所有校园实体间的共享关系以及研制共同议程以促进学生成功的重要性。该模式的特点包括：学生事务是学习事业的伙伴、学生事务和学术事务紧密联系、学生事务和学术事务间结构性桥梁纽带、共享的关于学生学习和成功的教育任务与语言。

学生事务是学习事业的伙伴。合作能力取决于各方对学生学习事业同等重要的信念。例如，在一所实行学术－学生事务合作模式的有效教育实践研究记录院校中，教师、管理者及学生使用“合作”和“伙伴关系”来描述校园成员间的关系。该视角表明，在对高校能够及应该为大学生活动做些什么上，高级学术和学生事务领导者持有共有的理念。最为重要的是，该方法之所以生效，在于学生事务专家明白其基本任务就是高校的智育目标。同样重要的是，学生生活项目和政策强调智力发展及挑战，这通常涉及教师领域。因此，与学术事务的合作就成为头等大事，并且也被视为一个指导性的实施原则。

与将学生事务描述为次于或更为糟糕的劣于学术事务的教育任务不同，学术－学生事务合作模式间的对话将学生事务视为学习事业的全能伙伴。学生事务工作人员将其自身视为学生课内外学习的重要贡献者。对教育任务以及与教
162 师间伙伴关系的重视也为学生事务专家创造具有创新性和挑战性的工作环境。和开篇故事中的学生领导力项目主任十分相似的是，学生事务员工能找到一些机会将其工作与学术事务联系在一起。此外，由于学生成功只能在多方面职能领域完成的，学生事务的教育作用就得到了保证。

学生事务和学术事务间紧密联系。组织理论家将组织内各个部门间的关系视为“联结”。联结指的是系统中某一部分影响其他部门及被其他部分影响的程度。韦克（Weick, 1976）对教育组织联结的研究最为深入。他的定义是基于两个独立实体间共有的变量。根据变量的重要性及普遍性不同，联结可能是

“紧密的”，也可能是“稀松的”。如果系统中两部分彼此影响巨大，那么它们就可以被认为是联结密切。在一些实施合作模式的教育功效好的院校中，学生事务和学术事务紧密联结。

这些部门共同的目标就是促进学生学习。教育目标使它们团结在一起。要想使合作模式生效，学生事务和学术事务主要人员要经常聚在一起。合作关系通过这些私人往来而开展和提升。更为重要的是，学生事务和学术事务人员必须要有能力影响彼此。例如，在一所有效教育实践研究记录院校中，通过关心第一年不常主动学习和合作学习的学生，教师发现，在第一年只关注改善教学是远远不行的。相反，他们组建了一个由学生事务员工、教师、学生和图书馆管理员在内的委员会以丰富第一年的课程。学生处处长和学院院长整合资源创建创新课程和辅助课程，该委员会因此受到鼓励。学生事务专家改善重组后的课程，包括联系宿舍助理和新生课程、在迎新活动上向新同学介绍该课程和 163
提供体验式活动。该计划的成功显示了学生事务和学术事务之间紧密联合的益处。

学生事务和学术事务间结构性桥梁纽带。合作模式中紧密联合的重要性体现了学生事务和学术事务间高水准的合作。为使之发生，必须要将结构置于合适的位置以促进部门间的联系。例如，在一些有效教育实践研究记录院校中，学生事务和学术事务功能领域进行重组，共享汇报程序。在一所有效教育实践研究记录院校中，学生事务副校长直接向教务长汇报，并担任常任委员。这就确保了学生的课外活动在学院院长会议中由学生事务副校长做代表。这反过来又增加了对教师参与学生事务项目教育价值的认知以及教师高水平参与董事会。

在另一所有效教育实践研究记录院校中，汇报程序只在学生事务和学术事务合作的重要之处进行修改。例如，由于高校想在社区服务和服务学习上建构强力伙伴关系，学生事务中社区服务中心就被重组，共同向教务长和学生事务副校长汇报。这一结构上的变化带来更为清晰的理论和教育目标、更为高效的项目实施、院校支持的增加及学生学习的提升。尽管一些有效教育实践研究记录院校为实现合作而改变组织结构，但其他一些有效教育实践研究记录院校却依旧保持学生和学术事务相互独立的汇报程序，并组建教师和学生事务人员代表数相等的委员会以连接这两个领域。成功的合作要求一些结构上的联系以跨越组织学术事务和学生事务的界限和壁垒。

共享的关于学生学习和成功的教育目标与语言。当学生事务任务完全与院校的学术事务互补一致时，学术－学生事务合作模式才会生效。如果学生事务部门采纳学术目标并且学习产出与学校教育理念一致的话，学生事务部门与学 164

术事务就会齐心协力而非分道扬镳。在一所学术－学生事务模式运行良好的有效教育实践研究记录院校中，宿舍助理的筛选标准包括理解高校目标。宿舍助理将会把大学教育理念传递给新生，实施相应的项目目标。

学术事务和学生事务的共同目标为发展一套围绕使学生成功的共享语言提供机会。如果学生事务员工使用与教育目标相关的语言，那他就更能有效地开展实践，提升这一目标，尤其是与学生学习相关的目标。在一些有效教育实践研究记录院校中，职务名称及办公室名称都被更换，以适应这一目标任务。例如，在一所有效教育实践研究记录院校中，学生事务副校长被更名为学生成功副教务长。另一所院校的高级学生事务管理者被更名为大学生学习及校园生活教务长。在一些教育功效好且又实施该合作模式的院校中，教育目标用能代表教育核心的语言来表述。丰富学生学习活动的教育价值，这一理念一直受到重视。

学术－学生事务合作模式的优缺点

有效教育实践研究记录院校的一个共同特点是为学生成功共担责任（Kuh, Kinzie, Schuh, Whitt, & Associates, 2005/2010）。然而，在使用学术－学生事务合作模式的院校中，为教育任务共担责任已达到令人印象深刻的程度。同样地，这种互相依赖也为大学生创建高质量和意义重大的学习环境。在那些学术事务和学生事务彼此相互竞争的院校中（见本书第四章），学术－学生事务合作模式中学生事务员工对其工作高度满意，尤其是当这些学生事务员工相信并理解学生事务是教育任务的一部分时。该模式的其他优点在于：鼓励创造性
165 的团队环境、凝聚力不断增加的大学项目、学生事务和学术事务共享成本与资源。

尽管在促使学生成功上该模式的优点大于缺点，但它依旧存在一些挑战。一些采用该模式的有效教育实践研究记录院校发现，学生事务人员在与学术事务合作时承担更重的负担。在这些案例中，学生事务员工必须创造合作机会，更像是邀请学术事务合作而非被后者所邀请。在创建生活－学生社区时，由于学生事务人员不理解教师参与和学术－学生事务伙伴关系能保证操作理念的转型，一所正在转向学术－学生事务合作模式的有效教育实践研究记录院校就遭遇了挑战（此话题的完整讨论可见本书第九章）。该计划的矛盾冲突暴露了一个更大的问题，即学生事务及学术文化中缺少理解和尊重差异。马戈达（Magolda, 2005）就伙伴关系提供了一些建议，包括对合作如何适应合作者对教学的不同观点进行调查。

并不是所有的伙伴关系都是有益的。在学生学习上，当学生事务和学术事务合作者并未将其自身视为同等重要时，合作将会倾向一方而变得不公平。一所开始使用学术－学生事务合作模式的有效教育实践研究记录院校在其学习社区中就限制学生事务员工的作用。学生事务成员仅仅将自己视为体验课程的后勤规划者，包括订车和安排午餐。虽然这些工作对于学生成功也十分重要，同时也能突显学生事务专家的行政职能，但并没有全面激发他们身上的教育才能。此外，如果伙伴关系只存在于一些或更少的活动，而这样的活动只是学生活动中的孤立部分，那么这些合作将被认为会分散学术项目注意力。

当伙伴关系是互惠且基于共同教育目标时，学生事务中合作模式就能为学生学习创造良好机会。把课内外活动整合起来的话，学生就会花更多的时间与教育者从事建构在合作基础上的学习活动。这种整合对学生教育及个人发展都 166
是有益的，因为他们的大学生活会变得更加完整和紧密相连。该模式内在的连贯性能解决大学教育中长期存在的碎片化问题。

该模式的另一优点在于，它提供拓展资源的机会。例如，在一所有效教育实践研究记录院校中，学生事务和学术事务共同资助服务学习中心。两条平行的财政线使该中心能负担起两个部门的开销，同时又强化学生事务和学术事务促进中心成功。该中心还收到外部资金，部分来自学术和学生学习产出。在一所有效教育实践研究记录院校中，学生领导力项目主任与教师作为同等重要的调查人员授权研究体验学习的教育成果。另外一所有效教育实践研究记录院校中，学生处处长与教师共同授权评估科学学习社区的成功。这项计划不仅为院校带来额外资源，更为重要的是加强了学生事务和学术事务间的合作。

第二节　学术导向模式

星期五下午在图书馆小组学习室里，国际研究专业的大四学生拉特雷斯（Latrease），社会学专业的大三学生拉贾（Raja）、德里克（Derek）特瑞娜（Trina）、政治学系终身教授奇泽姆（Chisholm）博士正在开会商榷关于即将召开的贫困峰会的细节问题。主要发言人确认他们的出席，筹划小组也正在安排体验活动及峰会前活动以丰富该项目。该峰会聚焦国际热点，在校园内展示国际银行关于贫困的数据，以及在展板上展示发展中国家面临的国际债务。他们与一系列当地发言者及社区服务活动合作，使学生知晓当地的贫困程度。奇泽姆博士参加当地的仁爱之家。拉特雷斯
在社区食物银行做义工。他们主要负责协调服务活动和其他体验活动。特 167

> 瑞娜称三个学生组织及多元文化办公室已经签约为合作赞助者。该峰会将成为校园一项意义重大的活动。自《工作中的穷人》(*The Working Poor*)作者在本学年初来校参会起，学生们一直都在组织关于贫困的话题。委员会希望能重新激活新生研讨课上的热点问题。学生们尤其热衷于参加关于高校大学生社会经济状况的谈话。拉贾在下午 6 点休会，这样他和特瑞娜就能在当地咖啡馆会见社会学学习小组前有时间吃晚饭。在去学生中心检查峰会休息期间预留场所的路上，拉特雷斯和奇泽姆博士谈论了她的研究生计划。

该故事简单介绍了萨福克大学 [Suffolk University(化名)] 提供的丰富多彩的教育项目。学生负责开发智力激发项目以及处理复杂的充满挑战性的问题。他们将社区服务项目与校园外单位联系起来，并同教师及管理者一起整合校园活动和学术工作。学生和教师经常在课外讨论，教师广泛参与学生校园生活的方方面面。这种高水平的参与造就了生机勃勃的知识分子社区。学生事务在该例子中明显处于缺席位置。尽管学生活动主任和国际项目办公室主任都代表学生事务部门参与贫困峰会，但该峰会就如萨福克大学其他活动一样，学生和教师的合作居于首位。

萨福克大学是一个充满学术氛围的学习社区。该校以其严格的大学课程出名，这些课程吸引致力于从事学术的学生，他们中大多数人都打算进研究院或专业学校。学生致力于课程，投入大量的时间和精力去学习。但是，他们珍惜
168 在课外探索知识和参加活动的机会，并筹划校园项目以丰富学习社区。课堂活动、田野考察和实习、国际交流以及其他多样性的活动都汇集在一起，为萨福克大学学生提供丰富多彩的教育机会。

尽管该故事中几乎没有提及学生事务，但在许多方面它都直接参与(如贫困峰会等)活动，或更为广泛地说，参与构建生机勃勃的智力学习社区。学生事务员工和学生及教师一起估算增加图书馆小组会议所需的场所。学生事务员工带头装潢自修室，增添写字板及可折叠的家具。他们还和图书馆工作人员一起划定学习区域、延长服务时间及赞助在图书馆里开设学生经营的果汁吧或咖啡馆。这一区域迅速成为要完成小组任务和召开委员会会议学生的首选聚会场所。通过与师生间合作促进讨论及反思社区服务项目，学生事务员工支持学术任务。此外，学生事务指导和建议学生策划主要活动。显然，学生事务员工做的事情都十分精简。他们很少花精力赞助辅助课程及宿舍项目，其中大部分留给宿舍助理和楼层委员会成员处理。

萨福克大学的学生事务部门采用的是学术导向模式处理学生事务。在该模式中，学生事务参与提供结构支持，为学生创造大量生动丰富的学术活动。学生事务员工帮助平衡而非干扰学术环境强度，丰富教育项目。有效教育实践研究记录院校中一位实施该模式的学生处处长认为："学术的强度使你属于该社区……文化……围绕学术活力而建构。"（NSSE, 2003f, p.12）作为回应，学生事务与学术文化步调一致，且支持和丰富学术社区。在类似高压锅的教育环境中，学生事务还帮助学生放松身心及制作娱乐活动。例如，宿舍项目经常关注
校内活动，安排休息时间。需要记住的是，在该模式中，参与高强度的教育任 169
务及学术拓展活动，胜过参加传统的与学术任务无直接联系的辅助课程或额外的课程活动。

学术导向模式的理论基础

在早期美国高等院校教育中，校长、少数教师和员工管理维持院校运转所必需的所有任务（Caple, 1996; Rudolph, 1990）。校长和教师首先关心学术事务，尽管他们也在咨询、指导及学生行为等传统角色上发挥作用。教师参与学生生活的方方面面。虽然教师和学生共同创造了大学生活，课堂学习却是首要关注点。这种早期的大学结构在 19 世纪 90 年代十分普遍，它是学生事务中学术导向模式的基础。

随着大学扩招，更多拥有不同兴趣爱好的学生进入大学，院校转型为复杂的研究型院校，教师注意力转移至科研，因而需要一部分劳动力。"学生的科学研究"由创造专业学生事务的威廉·瑞尼·哈珀（William Rainey Harper）提出（Caple, 1996）。这些发展提出双重结构，学术事务关注课堂及学生事务负责课外生活。（这种碎片化、专业化及双重结构在本书第四章有论及。）在之前对学术 - 学生事务合作模式的描述中，《学生人事部门视角》（ACE, 1937, 1949）强烈提出学生事务应聚焦学术和智力发展。尽管早期学生事务理念强调学生事务的教育作用，但布朗（Brown, 1972）毫无保留地指出，学生事务应当与教师一起振兴课程及消灭多余课程。

学生事务中的学术导向模式也借鉴文科教育和文科院校。文科教育通过大
量的话题强化思想，使之变得更为强大及更易掌握理念和从事脑力劳动。文科 170
教育的典型特点有：在文科课程的多种学术领域锻炼思想、追求自发性质询，以及与教师互动（Michalak & Robert, 1981）。许多类型的院校都有文科教育，但文科院校却是实施最好的。在其核心理念中，文科院校寻求建构亲密无间的学习环境，在该环境中师生及生生之间广泛交流互动以培养严肃交谈的社区。

小班规模、重视个体成长、积极参与校园社区、教师致力于教学，这些都是这些院校学习的基础（Hersh, 1999）。这些特点为学生事务中学术导向模式的开展提供了理想条件。

学术导向模式的特点

和学术－学生事务合作模式相似，学术导向模式强调为学生成功共担责任。然而，学术导向模式的特色在于尤为强调教育任务、制造学术环境及学生事务在支持和保持这些目标中所起的作用。

学术导向模式和文科任务。学术导向模式更常见于规模较小的文科院校或研究所，这些机构提供高质量的文科教育。此外，一些规模较大的院校如寄宿制院校和荣誉学院的全面学术课程及生活学习或跨学科课程可能要求学术导向模式。在采用学术导向模式的院校中，对高水平学术挑战的期望渗透进该校的历史和文化之中，而整合良好的核心课程又强化了该期望。小规模文科院校的亮点在于，它们一般而言要比其他类型的院校面临更多的学术挑战。学生事务
171 和学术事务管理者在这些院校交流更加频繁，因此，它们更易于在与教育任务相关的项目上合作（Hirt, Amelink, & Schneiter, 2004）。这些特点都支撑学术导向模式的实施。

学生学习和教育富集是学生事务的关键目标。学生个人发展依旧是学生导向模式的首要关注点。但学生事务在支持学生学习和丰富知识社区方面所起的直接作用也同等重要。学生成功和学术活力都摆在第一位。因此，学生事务员工倾向于：

1. 理解和咨询学生学习和教育目标。
2. 鼓励和支持重视致力于学术工作的学术环境。
3. 通过参加活动、参与知识话语建构及促进课内外学习和活动整合来融入学术社区。
4. 与教师和学生合作开发丰富知识社区的项目。
5. 在浓厚的学术环境中，通过丰富合适的项目和娱乐机会以补充学术活动。

通过理解和咨询学生学术需求及目标，学生事务员工在学术导向模式中更易于主动地定位和实施学生学习需求。例如，在一所采用学术导向模式的有效教育实践研究记录院校中，学生事务员工敏锐地察觉到新生研讨课及其他课程给学生带来的挑战。宿舍项目回应学生的学术需求。学生事务员工发展有助于

学习及为学术工作提供时间支持的环境。同样重要的是，学生事务人员在学术导向模式中参与校园学术活动。他们很有可能参加诸如在故事中提及的贫困峰会之类的活动。参与本身就很重要，因为它传达了对学术任务的赞赏，且有助 172
于提高学生事务工作人员处理学生需求的能力。

学生事务和学术事务共享汇报体系。与之前描述的学术－学生事务合作模式相似，高级学生事务人员在学术导向模式中更倾向于向高级学术人员汇报，并与学术主任和副校长密切合作。支持学术的校园部门可能就受学生事务管辖。尽管在小规模文科院校中，学生事务直接向教务长或系主任汇报是司空见惯的事情，但那些规模较大的、采用学术导向模式的院校也经常采用相似的汇报体系。例如，在带有几所寄宿制学院的有效教育实践研究记录院校中，学生事务人员同时汇报学生和学术事务。该模式确保了寄宿制学院中知识环境的发展与丰富。

学术导向模式受学术味浓重的学生文化影响。在采用学术导向模式的有效教育实践研究记录院校中，学生不通宵熬夜，避免聚会至深夜，并且至少花一个周末的晚上做家庭作业。对学术的关注使得学生可以完成有助于整合思想的高强度阅读材料和任务。在一所采用该模式的有效教育实践研究记录院校中，一名学生将学校称为“友好型”学习环境。这主要是由于学生的学术导向，然而基于学生投入校园设施重构也进一步深化了该观点。在图书馆、教师办公室附近、宿舍及学生中心，学生有大量的学习选择。图书馆学习区域被设计成起居室，学生中心里舒适的椅子改善了学习环境。此外，“令人惊艳的”食物、充足的自然光以及咖啡馆吸引更多的学生和教师来学生中心学习和交谈。

在实施该模式的院校中，学生共同提升教育目标。例如，在一所有效教育实践研究记录院校中，主要由大三和大四学生管理宿舍。尽管有 4 位专业的全职人员管理超过 15 个住宿单位及 1 000 名学生，但大三和大四学生宿舍助理提 173
供了相当多的协助。宿舍助理的首要项目推力是一系列被称为对话的项目。每个宿舍助理每年领导 6 个对话项目，包括与公民自由相关的反恐战争案例、国内外多样性对比和贫富调节。然而，对于这些日程排得满满的宿舍项目，学生并未将它们视为宿舍活动成功的必要组成部分。相反，学生将宿舍生活视为补充活动，即它是在校学生众多重要课外活动之一。

学术导向模式的优缺点

学术导向模式的首要优点在于，学生事务以提升教育任务为目的进行组织，这明确了学生事务在大学教育中的作用。在提高学生学习中，学生事务发挥日益重要的学术作用，该模式与此趋势保持一致。学术导向模式为学生事务员工提供独特的机会去施展其作为教育者的才能。在采用学术导向模式的有效教育实践研究记录院校中，学生事务员工往往直接从事有利于实现教育目标的教学与服务。最后，在资源逐渐减少及越来越重视提高学生学习产出的时代，围绕提升教育目标组建学生事务可以降低成本。联合资源及降低区域分割能专心地关注学生成功。

换句话说，教育任务在学生事务中占据显著位置，这也暴露了该模式的几个不足之处。与赫特、艾米林克及施耐德（Hirt, Amelink and Schneiter, 2004）的发现相似，在采用该模式的有效教育实践研究记录院校中，一些学生事务管理者发现，教师好像不理解或者不重视学生事务领域及其相关理论实践对大学生教育所发挥的作用。作为回应，在年度教师发展研讨会上，一所有效教育实
174 践研究记录院校的学生事务员工展示了一个阐释学生发展理论和有效教育之间关系的项目。学生事务员工被要求再向学术部门提交报告，从而使学生事务员工越来越认为教师重视他们的工作。

学术导向模式依赖于高水准教师 - 学生有意义的课外互动。然而，当这一环节受到威胁时——正如在一所有效教育实践研究记录院校中，在教师雇佣、晋升及评终身教职时提高教师的科研要求时——用该模式来处理学生事务就会面临危机。提高科研产量就会缩短学生和教师在校园项目上的互动时间，以及减少学生和教师课外合作开展项目和讨论的互动。学生、学生事务专家及教师都关心这一改变对校园知识生活质量的影响。为此，他们设计了一些方法来应对这些顾虑。但是这一新重点将要求持续的监控以确保学生 - 教师互动不会减少，以及教师不会因为要达到这两种目标而超负荷工作。

学术导向模式在哪些院校最为有效?

我们认为，在一些规模较小、非营利性的重点私立本科院校以及重点公立院校中，学术导向模式最有效。只有当学生自信独立且有为其大学活动奠基的非凡学术背景时，该模式才可能兴盛起来。一旦被录取了，这些院校的学生就已经有了在研究生院或专业学校继续深造的计划。

该模式也要求学生事务人员支持院校的教育任务。因此，这些学生事务工作人员明白，院校的学术活力意味着学生将不会或不能参加在其他校园内常见
175 的活动。例如，这些院校可能没有兄弟会，或者它们有，但这些组织不会有如大多数校园内兄弟会及其他社交性组织那样完整全面的活动。

我们认为，学术导向模式在大多数院校中不会取得预期结果，尤其是在那

些不重视必要学术项目的院校。相对于一一列举它们，我们更喜欢直接断定，该模式在这些院校能够开展的概率很小。那些一边参加兼职一边需要辅导的学生和成年返校学习的学生不会在这些模式中得到成长。重要的是，在这些院校中，学生事务教育者如果不能清晰地理解学术任务的卓越性，那么他们就不会在职业上取得成就。

结　论

随着对提高大学生教育的日益关注，学术 - 学生事务合作模式和学术导向模式的地位得到巩固（Chickering & Gamson, 1987; Pascarella & Terenzini, 2005; Sandeen, 2004）。对这些模式的支持可见于对学生参与的研究，学生参与强化了高质量学习环境的重要性。学生和教师在这种环境里享受高水平互动，学生也能经常参加教育富集活动（Kuh, 2001a; Pascarella & Terenzini, 2005; Schroeder, 1999b）。这些模式为处理学生事务提供创新方法，为学生参与和成功做出有益贡献。

这些创新模式帮助建构巴尔和塔格（Barr and Tagg, 1995）描述的与学习范式一致的环境。这些模式强调创造“让学生自己发现并建构知识的环境和活动、让学生成为发现与解决问题的学生社区一分子……以及……创造一系列更强大的学习环境”（p.15）。本章论及的两种模式有能力在课内外创作丰富的学术环境及充满活力的学习活动，这显示了它们对学生成功的价值。

桑迪恩（Sandeen, 2004）认为，学生事务专家“应当在拓宽学生校园学习经历上发挥重要作用”（p.31）。当学生事务专家将自身视为学生学习的贡献者时，他们就 176
更愿意围绕学生成功组织活动。例如，一所有效教育实践研究记录院校中，宿管主任通过创造支持学生学习时间来寻求增加宿舍学习潜力的机会。如果校园社区成员将教室和实验室视为学生学习的专属场所，那么采用上述方法具有一定的挑战性。教师和管理者狭隘地理解“教育者”这一术语，这也会加重该方法的挑战性。此外，新的学生事务员工主要受训于研究机构，他们可能没有意识到，如果学生事务模式特别重视学术，这就需要他们和校园内所有组成部分合作共事。

学术 - 学生事务合作模式和学术导向模式的共同理念在于，学生事务是大学生教育中学术项目不可或缺的组成部分。这两个模式坚信学生事务在学生学习和成功上做出重要贡献。它们在历史和理念上相同，但在核心工作中教育任务所占比重上却不同。尽管学术 - 学生事务合作模式的实质在于学生事务和学术事务间伙伴关系的质量，以及合作的核心是学生学习，但学术导向模式中对教育任务的过分支持将会降低学生事务对学生学习的贡献。

这两种模式都显示了将学生学习置于学生事务中心的价值。然而，学术－学生事
务合作模式更关注学生事务中的伙伴关系主题，而学术导向模式更在意创建充满活力的
大学环境。这两个模式促成了一些行政改组，结果是学生事务向教务长或学术办公室领
导汇报。这些安排有助于学生学习，尤其是当教务长、学术主任和教师在丰富大学教育
177 观念上发挥实质作用的时候。尽管这些模式都有其优点与缺点，但在强调促进学习与提
高学生成功的时代，这些模式的特点深深地影响了学生事务实践。

讨　论　题

- 学生事务文献中哪些理论为学术－学生事务合作模式提供指导？
- 学生事务中哪些流行的设想与态度阻碍了学术－学生事务合作模式的实施？学术事务中存在哪些障碍？
- 院校的哪些特征阻碍了学术导向模式的实施？哪些特征又强化了这一变化？
- 学生事务部门中有无专门从事学术导向模式的单位？是否有单位不采用该模式？为什么？
- 在构建一个学术导向的校园中，学生该如何参考？

第四部分

变革你的学生事务部门

第九章

改变的诱因与工具

过去 20 年间，学生事务部门在转型适应以学习为中心的方法上承受了越来越多的压力。自《学生学习是当务之急》（ACPA, 1996）起，学生事务工作人员就已经将其工作从提供服务与筹划项目转向一些倡议，这些倡议关注学生活动的全面性，采用以学生为中心的方法，与课程任务合作。在这种转型理念下开展的项目有：宿舍学习社区、与专业一致的职业发展规划以及强调恢复正义原则的学生行为项目。国家计划如全国大学生参与度调查进一步提高了学生事务和学术事务合作的兴趣，最大化地配置资源以实现学生参与和成功，调整教学相关政策。包括董事会、家长、立法者及大众在内的股东责任制是学生事务组织转型的又一诱因。逐渐攀升的学费费率加剧了实施责任制的需要。 181

本章的目的在于讨论一些改变方法，这些方法有助于学生事务工作人员将学生事务部分转向创新型模式。本章还论及学生事务部门组织方式转变的理论和实践内涵。本章谈论的方法包含以下潜在价值：组织方式改变与转型、学生参与、学生成功以及适合院校目标。

模式转变的必要条件 182

一系列迹象表明，学生事务部门需要转型，其中一个便是学生事务部门没有实现院校目标。有必要进行评估以确定该部门的目标与目的是否实现。在当下高等教育环境中，若没有良好的评估项目，学生事务部门不可能取得成功。另外一个表明需要转型的迹象是，新专业人员，尤其是新的高级学生事务人员的到来。新员工提出了新的想法，为已有的模式带来新的机遇与挑战。他们有在其他院校实施不同模式和实践方式的经验。

学生事务员工或领导想要学生事务部门保持成功，这是学生事务实践模式转变需求的另一条件。传统模式（如课外模式）转为创新模式（如学术－学生事务合作模式）为学生事务领域各个方面都带来了机遇。避免停滞不前是导致改变的一个诱因。另一个转变条件是与院校目标保持同步，但这一条件不是决定性的。该条件包括：在财政、人力及其他资源上建构一个可持续发展的学生事务部门。建构可持续发展部门以度过艰难时刻，这意味着要在人力、资源及财政上下功夫。如果在提供学生学习活动的方法上，该部门打算继续与时俱进的话，那么，确定维持学生事务部门的方法十分重要。

我们所知的改变和可持续性

不管是否筹划改变，一个部门必须要对它在院校或更大的高等教育领域中所处的位置有全面的认识。从院校角度看，该部门在学生学习中是否被视为核心学习伙伴？其服务在院校中是否被视为必不可少的智力活动？在院校转型与
183 策略性筹划中，该部门扮演何种角色？在考虑改变时，学生事务部门也必须要从院校外视角进行评估。部门政策与实践是否与全国高等教育计划保持一致？院校外的大股东如何看待部门实践？

财政缩减、落伍的组织结构、新的领导班子以及变革的基本愿望，这些都是改变现有学生事务模式的绝佳理由。

部门内任何改变发生之前，必须要对学校、部门环境及对改变的容忍性进行评估。通过评估，计划性及非计划性改变就可能会出现。计划性指那些会发生的变化：由于部门领导的有意行为而产生的改变。非计划性改变在发展（如危机和财政缩减）中产生，这些发展在部门外发生且并不需要聚集资源或采取行动策划改变。在本章中，我们将从以下三个角度谈论计划性及非计划性改变：（1）高等教育领域内但院校外；（2）院校内但学生事务部门外；（3）学生事务部门内。我们从每一类中挑选了一些因素，来说明学生事务如何受各式各样的因素影响，而对于这些因素，学生事务很少能或根本不能掌控。

高等教育领域内影响学生事务的转变因素

高等教育领域内的因素至少以两种形式呈现：突发的、渐变的。2001 年 911 事件就是突变性因素之一，它几乎触及所有的美国公民及世界其他公民。这些悲剧导致两场战争，而这两场战争又给高等教育机构带来诸多后果，其中之一是增加退伍军人项目（Hamrick & Rumann, 2012）。高等教育领域内的其

他因素可能不会那样突发，但结果也十分重要。例如，过去数年间，州政府资助一直都在严重下降。《教育统计摘要》（*The Digest of Education Statistics*）（Snyder & Dillow, 2012, 表 366）称，在每一份财政中，对四年制公共院校的政 184
府资助从 2005—2006 年的 23.9% 降至 2009—2010 年的 20.6%。对于两年制院校，资助下降得更为严重，从 30% 降至 24.9%。以一年为基础，很难注意到这种趋势，但当你从长远角度来看这种趋势时，尤其是学生高额的学费，结果不言而喻。考虑一下鲍姆及马（Baum & Ma, 2012, p.15）的结论："四年制院校公布出来的平均学费和费用，在 2002—2003 年到 2007—2008 年，在通货膨胀率上增长了 31%，而在 2007—2008 年到 2012—2013 年，它们又在通货膨胀率上增长了 27%。"

人口转移。毫无疑问，美国人口的增长正在向南部和西部转移。从 2008—2009 年至 2021—2022 年，尽管美国高中毕业率计划增长 4.7%，一些州却筹划超过 10% 的降低（例如，佛蒙特州、密歇根州和俄亥俄州），而其他州筹划大于 10% 的增长（例如，得克萨斯州、科罗拉多州和内布拉斯加州）（Hussar & Bailey, 2013）。结果，一些州的学生事务人员需要通过增加服务和设备以实现增长，而在其他州，计划可能向反方向发展，这意味着精简人员以及关闭一些设备。

天灾人祸。没有人能预见天灾人祸并为此做筹划，但不做筹划只会加剧事态的恶化。卫生突发事件、洪涝、台风、暴风雪或其他自然灾难对学生事务影响重大。例如，疾病的爆发（Schuh, 1983）能使学生事务一夜之间重新调整工作。天气灾难突袭许多校园，这给学生事务带来深刻影响（Sanchez, 2013）。院校可能从灾难中恢复，但学生事务的性质至少在短期内将会发生严重改变。当个人突发事件及长期问题解决后，院校将恢复至常态。

国家及全球金融衰退。21 世纪前 10 年的最后几年里，房地产萎缩及全国经济衰退对高等教育产生严重影响。由于房地产在许多州遭遇严重萎缩，州政
府收入也随之下降。政府向公立学位授予院校拨款按当时美元汇率算从 2007— 185
2008 年的 680 亿美元降至 2009—2010 年的 624 亿美元（Snyder & Dillow, 2012, 表 366），然而，与此同时入学率却在上涨。此类情况在每个州都不一样。例如，在这一时期内，科罗拉多州、康涅狄格州及密西西比州等州的拨款增加，而佛罗里达州、内华达州及加利福尼亚州等州的拨款则下降了（Snyder & Dillow, 2012, 表 369）。拨款降低的同时，公立院校的入学人数从 2007 年的 13 490 780 人增长至 2009 年的 14 810 642 人（Snyder & Dillow, 2012, 表 198）。这意味着每增加 15 万名学生，拨款就降低 60 亿美元。在之前提及的 6 个州里

（科罗拉多州、康涅狄格州、密西西比州、佛罗里达州、内华达州及加利福尼亚州），公立院校的入学生数从 2007 年秋季至 2009 年秋季逐渐增加（Snyder & Dillow, 2012, 表 217）。根据这些信息，至少还看不出拨款与入学率有何关系。入学学生数量上升并不一定会导致州拨款的上升。

国家报告。高等教育领域外的机构或组织撰写的国家报告也会产生影响。一个显著的例子是《领导力测试：图绘未来美国高等教育》[*A Test of Leadership: Charting the Future of U.S. Higer Education*（通常被称为斯佩林斯委员会报告），美国教育部，2006]，它包括许多对高等教育机构提的建议，其中一些建议（如管理费用、增加财政补助、检测学生学习）对学生事务有直接影响。学生事务部门需要将该报告的建议纳入其长期规划中。

政府倡议。对高等教育和学生事务另一潜在的影响是联邦政府或州政府的倡议。录取更多的学生、增加毕业率、吸引更多的学生选修一些专业或领域（如科学、技术、工程及数学），这些都是政府倡议的直接结果。不管这些倡议是联邦政府提出的还是州政府提出的，它们都对学生事务和学生能参加的活动、项目及服务产生影响。奥巴马总统强化社区学院的倡议就使更多的人能负
186 担起高等教育费用。该倡议也将高等教育中所教授的与工作中所需的技能联系起来。这是联邦政府倡议影响学生事务的一个实例。

院校内影响学生事务的转变因素

正如高等教育领域内部存在一些影响因素，院校内部也有一些影响学生事务在校园实施项目、活动及服务。

高层变更。众所周知，高级学生事务人员在学校里通常被称为校长（为便于讨论，本书中我们将使用“president”一词）的高级行政人员服务。在有效教育实践研究记录研究中，在学生参与和成功的院校实践上，当被问及影响改变的诱因时，新的行政领导通常被认为是新计划的诱因。

一位校长在就职前可能并未在另一所高校中担任过行政高管。更为普遍但并非绝对的现象是，即将就任的校长曾担任过高级学术人员。此人在学生事务工作上极度缺乏工作经验。此外，不同于认为学生事务专业人员为学生提供必要服务的观点，校长可能对学生事务感兴趣，也可能不感兴趣。也就是说，校长可能将学生事务部门看作“为”学生做事的服务集合部，如提供住宿和娱乐
187 活动。换句话说，该校长可能致力于整合学习活动，并将学生事务理解为学生教育中课程项目的全职伙伴。该方法导致学生事务在校园里拥有一个不同的身份。

虽然该校长可能只听闻过学生事务的一些轶事，但他可能还会打算重组该部门，这一行为将对学生事务部门产生实质影响。通常，这一重组意味着学生事务部门高管的更替、汇报体系的重置及／或从校长办公室到高级学术人员办公室监管的再分配。如果真是重组的话，那么学生事务中服务、项目及活动的实施可能改变。

值得考虑的一个转变诱因是，增加新任或继续留任校长对学生事务的认识，这可能要花上好几年时间。当校长逐渐了解学生事务组织和功能后，他很可能会参与一些校园事务（如危机、运动员丑闻、为新学生中心筹集资金）。高级学生事务人员的职责之一就是鼓励校长多去认识学生事务。这种“向上管理”过程在高级学生事务人员中占据重要位置，也是将学生事务置于整个院校环境中最佳位置的有益尝试。

尽管在有效教育实践研究记录研究中，校长常被视为改变的诱因，但教务长或高级学术人员的更替也能改变院校及部门理念、组织结构合汇报体系。学生事务人员可以利用领导者更替来制造被先前管理者阻止或压制的改变。尽管这些机会不会持续太久，但机警的员工知道如何把握时机。

任务和目标的转变。高级领导的变更也可能意味着院校任务和目标的变化。变化可能很少带来新的东西，也有可能带来许多重大的新东西。雇佣的权威（例如董事会）可能选出一位新校长。他负责增加招生人数，介绍新的研究生或职业项目，创造在线教育机会或建立分校区。总之，正如新的或／及增加的项目和设备展示的那样，这些倡议中的任何一项都会给学生事务带来改变。这些倡议也会导致学生服务以及课程实施的转变。院校目标的任何改变都要求学生事务部门对任务和目标做出相应的调整。两种目标必须要重新修订以保持一致性和关联性。

组织结构的改变。如前所述，新校长通常都会带来新的组织结构。学生事
务副校长会向校长或高级学术人员汇报吗？和我们的观点差不多，桑迪恩和巴 188
尔（Sandeen & Barr, 2006, p.48）指出：“学生事务最重要的问题不在于它在组织结构中的位置，而在于其领导在校园的效用。”我们还认为，组织结构的改变会导致学生事务目的重心的重置。组织结构的改变，例如，将财政援助和入学并入学生事务中，这使这些部门可能会转向学生服务模式。将学术咨询中心并入学生事务，这可能导致职能条块模式转变为学术－学生事务合作模式。强调学术优异可能使任何模式转为学术导向模式。

策略计划的改变。策略计划对学生事务有着深远的影响。埃利斯（Ellis, 2010, p.7）将策略计划定义为“决定学生事务部门的意图是什么以及如何实现

这些意图的过程”。院校策略计划的主要改变，如增加在线学习项目，可能会使学生事务重新调整策略计划，其计划、项目及服务将支持院校的更大计划。这也可能会导致某些领域中人员和项目的增加，以及另一些领域中人员和项目的缩减，继而产生不同的学生事务资助方式。不管何种变化，确保部门计划与院校的计划保持一致，这是高级领导者义不容辞的职责。

招生挑战。招生也可能给学生事务带来挑战。有些学校的学生人数可能过多，而有些学校的学生人数则可能过少。赫萨及贝利（Hussar & Bailey, 2013）指出，2010 年和 2021 年 40 个州的公立小学和初中计划扩张，而 10 个州及哥伦比亚特区的招生人数将会下降。西部区域的招生人数增加将是最大的（计划增加 13%），而东北部和中西部是最小的（计划增加 2%）。招生挑战将如何影响学生事务及其实施的学生事务实践模式？如果新的高中毕业生人数特别少，
189 那是不是意味着更多的课程将采用网络形式，以及学位课程将为“成年人”而设？如果州或区的高中毕业人数不变或下滑的话，是否要从其他区域招生以维持高校招生人数？在其他生源急剧上升的州，宿舍要扩建并且要雇佣更多的学生事务教育者。因此，招生变化会对学生事务产生影响，它可能导致项目及人员的扩增或缩减。

财政困难。我们已经注意到，州政府对公立高等教育的资助已经下降了。有必要指出，在股票价格及公司收益下降时期，高等教育的机构捐款也会受到影响。这意味着由于捐款收入下降，高校不得不寻求其他收入来源以平衡财政。例如，在 1999—2000 年，私立非营利性高校收入的 24.6% 来源于学费。到了 2009—2010 年，该百分比上升至 33.4%（Snyder & Dillow, 2012, 表 370）。1999—2000 年，投资回报收入为 31.3%，而到了 2009—2010 年则降至 16.9%（表 370）。最为显著的是，在股票市场大幅度下滑期间，2008—2009 年私立非营利性高校收入的 77.8% 来源于学费，投资回报为 92.9%（表 370）。显而易见，投资回报高时，学费上升空间小。反之，投资回报低时或像 2008—2009 年的案例那样，学费就会下降，学生事务员工数可能会减少，项目会缩减或者其他“经济”也是如此。私立非营利性高校的学生事务人员很少担任投资经理，但他们将会体验到其院校投资的结果。

课程改变。院校课程的改变（如重置通识教育要求、建立多样化要求以及撤销学院或系），无论是渐进的还是专业的，都能导致学生事务部门的改变。这些课程的改变导致未来入学学生类型的改变，改变学生对使用中设备的需求
190 （如图书馆）、安排好的计划表（如夏季学期）以及必要的行动（如可用的学生雇员）。院校目标在很大程度上是由课程的学术性质（如严谨与非严谨）决定

的。如果学生事务部门的目标与院校目标一致，那么他们就必须适应课程的改变。这些改变可能是学生事务模式转变的又一诱因。

改变并非需要惊天动地才会有效果。当下院校程序，如策略规划项目评价、书写申请、领导下野、财政以及财政计划，都会成为短期或长期改变的诱因。高等教育内几种标准程序将会为学生事务部门的改变提供机会。

学生事务内部改变因素

与院校内外部的改变可能成为转型诱因相似，学生事务部门内外部相似的改变能为转型提供机会。

部门领导力。当新的高级学生事务人员上任时，前 6 个月至 12 个月的“蜜月期”能为学生事务实践模式的必要转型提供可能。尽管由于不熟悉院校与部门而困难重重，但高级学生事务人员能利用前几个月的适应期做出改变，这些改变以后实施起来就要困难多了。当雇佣新的高级学生事务人员时，专家人员期待或希望改变。虽然改变实施起来十分困难，并且通常会遭遇强烈抵制，但这前几个月里对改变的期待仍旧没有变。新的高级学生事务人员有魄力将现有的传统模式转变为创新模式，这为校园即将到来的转型打下基础。对于那些要为可能即将到来的改变造势的高级管理者而言，走访校园要趁早。在这些活动中，接受或抵制改变的程度是检测改变是否适合院校的试金石。

目标和理念。在本书中，我们多次强调部门目标和院校目标一致性的重要性。院校内的任何一个部门，无论是学术的还是非学术的，都应当利用现有机 191
会与院校目标保持一致。由于院校目标通常十分概括化，部门目标和目的以院校目标为指导的话，需具体规划教师及员工如何以及为什么要实现这些目标。部门的目标和理念可能会定期评议，但通常都不会有什么实质性变化。

学生事务部门的每一位成员都应当熟悉部门目标与理念。部门目标与院校目标一致，必须要说明清楚并完全无误地加以理解。尽管任何一个组织复杂的学生事务部门都会有许多目标，但无论在部门内还是院校更大目标中，竞争或彼此矛盾的目标的出现意味着有必要在目标的构成与叙述上再下功夫。

组织结构。组织结构的变化就好比是“重置泰坦尼克号甲板上的椅子”一样。组织内的汇报体系及员工职责很有可能提高效率及提升学生参与度和成功率的产出。组织结构上的改变应该密切注意部门想要采取的学生事务实践模式。如果采用的模式是学术导向型，那么组织选择应该是职业服务、学术咨询、宿舍生活及其他以课程为导向的方法。如果采用的是学生服务模式，那么组织选择将涉及不同的组群，这些组群的分类视该校学生如何使用这些服务而定。正如不能用一刀切的方法处理学生事务一样，组织部门内单位也是一样。但是，结构必须支持部门实践模式的基本构想。

策略筹划。不言而喻，正如哲学家约吉·贝拉（Yogi Berra）所说："如果你不知道你要去哪里，你将停留在某处。"策略筹划，无论是院校的还是部门的，都意味着要决定你去哪里以及如何去那里。除这些重要功能外，策略筹划
192 也为部门构想、要务及实施方法提供机会。缺少策略筹划，学生事务部门可能变得四分五裂。在缺少筹划时，一个可实施的模式是职能条块模式，它重视的是个体而非整体的部门事务。

项目评价。定期评价为评估学生事务部门的优缺点提供良好的机会。当外聘顾问对项目、服务及计划管理方式提出独立的、客观的甚至是创新性的建议时，上述机会就尤为显著。当评价是基于学生事务领域专业标准——进步标准委员会（Council on the Advancement of Standards, CAS, www.cas.edu）时，项目评价将十分有益。

学生特性。为改变学生事务部门服务的学生，院校的总体特性需保持不变。增加服务学生、改变学生消费服务的性质（如网络和现实）、增添新设备及其他因素，这些都能引起部门在服务学生方式上或大或小的改变。除此之外，学生特性也会改变。通常都以一代人作为讨论依据（如X一代和千禧年一代），学生事务部门及其实践模式的成功都必须与其服务学生的特性保持一致。

模式转型

本书重点讨论学生参与和成功的重要性。当前学生事务部门的研究和实践引导我们转变模式以最大化地实现学生学习。毫无疑问，当与院校目标不一致时，模式更替的合适时机就到了。此外，另一转变的合适理由是模式完全与学术目标脱轨。正如本书先前章节所述，即使是最普通的服务在经过改造后也能实现学习目标。我们认为，与学术目标相背离的模式无法在院校中立足。最后，那些未能实现学生认知、道德、社交及其他方面的高水平成长与发展的模式也需要重置。

193 **理念改变**。在学生事务部门内，模式的任何改变都需要学生事务专家在理念及理论方法上做出相应的改变。当你考虑采取一种新模式时，表9.1可以提供必要的改变事例。左栏转向右栏需要转变为以学习和参与为重点的学生事务实践方法。我们认为，没有这些或类似方法的转换，学生事务不可能变为创新型模式。

表 9.1　模式转型所必需的理念转变

从彼理念	到此理念
管理者	教育者
官僚主义者	教师
任务	学习
控制	开放
效率	有效性
告诉	询问
参与	雇用
分离	聚合
独立	合作

带来改变的工具

转换模式绝不是高级学生事务人员单方面的决定。为使转变生效，学生事务工作人员必须取得一致意见。当考虑转变学生事务实践模式时，我们推荐两种可能的辅助工具：SWOT 分析以及卢因（Lewin）的力场分析法。

SWOT 分析。“SWOT”指优点、缺点、机遇及挑战（Andrews, 1980）。通过评估部门内部优点与缺点及部门外部机遇与挑战，该工具可用于学生事务部门更新或转型。简单的 2×2 设计能帮助学生事务领导评估其部门内这些元素 193
（见表 9.2）。

表 9.2　SWOT 分析案例

内部优点	内部缺点
● 有经验丰富的专业人员 ● 包括新学生中心与更新的宿舍在内的优良设备 ● 致力职业发展的院校责任	● 大部分部门资金不足 ● 宿舍生活项目中缺乏学术关注（如宿舍学习社区） ● 两位 30 岁以上的专家成员拒绝转型 ● 高级学生事务人员办公室缺少行政支持（副校长副手）
外部机遇	**外部挑战**
● 最近收到 20 万美元捐款用以提升学生事务项目 ● 学生事务内有相关优秀的为专业人员而设的硕士项目，尤其是以种族、性别或性取向而分类的员工 ● 一位学生事务经验丰富的即将到任的校长	● 家长组织在学术和学生事务脱轨上不断施加的压力 ● 使用为学术事务而设的设备从事获利活动（如会议）上不断增加的压力 ● 董事会里有一位有影响力的常任委员反对学生事务

194 ***卢因的力场分析法***。库尔特·卢因（Kurt Lewin, 1946）研发了力场分析法（Force Field Analysis）用以评估促使及维持改变的组织力量，它已经成为组织发展领域的经典方法。他介绍了下列步骤以帮助理解改变如何实现。这一方法将在学生事务实践模式转型语境下加以描述。

> 第一步：力场分析始于尽可能详细地描述当前使用中的学生事务模式。正如本书第十章所建议的那样，部门使用的主要模式和次要模式可以通过学生事务实践模式清单目录加以评估（见本书附录 B）。
>
> 195 第二步：描述想要的学生事务实践模式。第一步和第二步可使用表 9.3 实现。
>
> 第三步：在确定现有以及想要达到的模式后，列出所有决定保留现有模式的驱动力场。同样，列出所有决定转向想要模式的驱动力场。
>
> 第四步：列出所有抵制保持现有模式的力场。然后，列出所有转向想要模式的力场。
>
> 第五步：当你列出每种模式的驱动和抵制力场目录后，讨论每一种力场。哪些力场是重要的？哪些力场是能够改变的？评估每种力场的优势（1= 缺点，10= 优点）并将每种力场按照优势进行排名。这种视觉表现会使你更好地明白部门转变模式时面临的机遇与挑战。
>
> 第六步：评估和排名之后，讨论加强或增加想要模式的驱动力场，以及弱化或移除抵制力场。

表 9.3 力场分析评估驱动和抵制力场

力场分析——库尔特·卢因		
<u>驱动力场</u>	<u>现有模式</u>	<u>抵制力场</u>
（支持转变的积极力场）	（如职能条块模式）	（抵制改变的消极力场）
——→		←——
<u>驱动力场</u>	<u>新的想要模式</u>	<u>抵制力场</u>
（支持转变的积极力场）	（如学术－学生事务合作模式）	（抵制改变的消极力场）
——→		←——

确认改变模式的步骤

在检测完改变的所有支持与抵制力场后，你要做的就是确定改变学生事务
196 模式的步骤。表 9.4 呈现了一张图表，你可以按照它生成一份模式转型所需的

步骤或活动清单。这些步骤应当在通过力场分析得出的驱动与抵制力场语境下加以确定。转向想要模式的步骤在表 9.4 中已经列出。

表 9.4　你的目的是什么……如何达到该目的……

你现在所处的位置	需要改变的步骤	你的目的
（传统模式）		（创新模式）
职能条块模式		学术－学生事务合作模式
（基于目录——见附录 B）	通过赞助职业发展会议讨论全国大学生参与度调查发现以支持学生学习	
	为促进教师－学生合作提供种子基金	
	通过第一年体验项目前置资源以更好地确保学生成功	
	为更好地使学术－学生事务合作重置人员	
	安排一位人员负责评估学生学习目标	
	通过人员调整促使组织不断改进	

通过力场分析，你可能会发现消极力量十分强大，以至于你不得不暂时放弃或改变你的方法。你也可能发现模式转型会耗费过多的时间与资源，而部门又没有这么多的时间和资源。但是，我们并不建议你完全放弃转变模式，即把一个不再适合部门及院校学习和参与目标的模式转换为适合长期目标的模式。力场分析过程中的检测能帮助你发现机遇，它也许以后会有用。你也可以通过下列活动来使部门转向想要的模式：改变政策、参与员工发展、管理校园环境、组织会议、从事策略规划、改变招聘要求、申请资助和雇佣顾问。 197

开始——局部胜利

由于人们常以超越自身能力范围的方式理解问题，导致问题很难被解决，考虑到这点将对你实施转变十分有用。确定干扰步骤能帮助你发现一些局部胜利，将它们累积起来会带来重大改变。

> 局部胜利是一次具体完整的实施行为后的结果，它具有一定的重要性。从其本身来看，局部胜利可能看起来不重要。但是，一系列在重要任务上的局部胜利会揭示一种样式，该样式可能吸引盟友、阻止对手以及降低随后建议的抵制。（Weick, 1984, p.43）

帕斯卡雷拉及泰伦齐（Pascarella & Terenzini, 1991）在学生事务语境中不断重复局部胜利的智慧：

> 为取得某一特别的院校目标而特别制定一个全校范围的项目，还不如把精力置于*所有*合适的院校活动以实现该目标，这将会更有用……寻求一个更大的杠杆以促使更大层面上的改变，还不如经常撬动更多的杠杆，这将会更有效果。（p.655, 原文斜体为强调）

撬动更多的杠杆以及寻觅更多的局部胜利，这可能使校园领导者们更愿意投资改进行为。学生事务领导可以使用数据作为需要改变的不争证据，并展示其项目和计划的成功。数据也可被当作工具用来赢得更多的人支持将不合适的传统模式转变为以参与为导向的创新模式。教师能联合起来，评论家也能被说服。可以利用这些机遇激励其他人为学生成功的愿景而努力。学生也可参与促使学
198 生参与计划成功的过程。这些局部胜利可能会把学生事务员工、教师及院校领导者从传统结构、角色及领域中释放出来，并鼓励合作。

结　论

有很多方法可以使组织内改变生效。学生事务部门有着改变的传统。当有需求时，通常这些改变都是十分迅速的。从学生事务领域创立之日起，创新及创造就是它的特征。将基于管理需求、教育学生及提供项目的传统型模式转变为基于以学生为中心、学习方法及项目合作的创新型模式，符合这一传统。

讨 论 题

- 在学生事务部门改变生效之前，员工需要进行哪些专业和个人反思？
- 你改变的动机是什么？
- 改变是重大的还是无意义的？
- 哪些资源能让你知道改变在组织里已经生效？

第十章

重构你的学生事务部门

本书之前的章节介绍了传统型和创新型学生事务实践模式。这些模式基于 199
有效教育实践研究记录、该领域文献、我们40多年从事学生事务的经验和观察，以及在美国和世界各地学院、大学担任顾问及发言人的工作。无论你是有多年经验的学生事务教育者还是新手，我们认为熟悉这些模式有助于更好地理解你所从事的学生事务工作，并为你的学生事务实践提供新思路。我们确认的模式很有可能无法精准地描述出你最熟悉的学生事务部门，但在许多情况下，规模大的部门可以借鉴本书中的几种模式。

在本书最后一章中，我们将介绍一些关于重构和维持学生事务部门的理念。我们认为，部门重构的一个良好开端在于尽可能详细地确认当前主要学生事务组织模式，这一过程可以通过使用本书附录B中的学生事务实践模式清单来完成。要使尽可能多的员工完成表格，以获得对部门模式综合认识。实际上，承担不同责任的员工对组织模式的设想可能不同，但一旦达成共识，就可以建立新起点。

让我们用一所虚构的地方大学——中部中央大学为例。这所大学主要进行
本科师范教育，但现在已将课程扩大至一些硕士研究生课程和少数博士研究生 200
课程。中部中央大学刚刚完成十年区域资格鉴定。鉴定团队的报告表明，中部中央大学的学生事务已经偏离了院校的最初使命，即支持和提高传统大学生的本科学习。这种偏离的一个例子是：虽然学生对儿童保育服务需求有限，但学校依然对这一项目的建设和人员进行了重要投资。为使收支平衡，儿童保育计划向与大学无关的社区成员子女开放，即便如此，也很难不超出每年预算，甚至在某些年份，必须从其他项目重新分配资金，以帮助平衡该项目的预算。中部中央大学里发生的改变以及鉴定走访期间揭露的是，正在进行的任务及学生事务部门的设想与大型院校所期待的任务之间存在不一致。因此，鉴定团队建

议学生事务工作人员重新审视部门任务和目标，使之与中部中央大学的任务和目标一致。完成学生工作实践的模式清单（见本书附录 B）将协助描绘出部门员工眼中的组织和部门的用途。如果这个过程中的共识表明，学生事务实践的“真实”模式（即意味着员工如何工作，而不是如何去喜欢他们的工作）与中部中央大学的需要不符，那么是时候对其制定学生事务实践的概念方法进行返工了。这一过程可能包括以下步骤。

使任务和目标一致

我们从本书前面章节对学生事务模式的分析可以发现，学生事务的任务和目标必须与整个院校的任务和目标一致，其所提供的程序、服务和经验应补
201 充该院校所需。例如，某一所学校的学生大部分是走读生，他们住在家里，主要依靠兼职工作来支持学业。对于这类学生，有一种学生服务方式就非常行得通。这些学生大部分的闲暇时间并不在校园里，他们需要问题得到快速回答，他们需要周期性的而不是持续性的服务。该校走读生可能会发现，他们的某一门课程需要辅导，因此他们就会去校园学习支持中心寻求帮助。一旦完成课程需求，他们可能不会再来，因为在他们看来，他们不需要额外的援助，而且他们也没有时间。

相反，这种学生服务方案在寄宿学校未必行得通，因为几乎所有的学生都住在学校，而且他们的课外生活也在校园里。学生服务模式不会提供深度参与，但深度参与正是大学想向学生提供的，同样也是学生需要的。在课程辅导中，学生可能会在遇到学习难题之前就开始寻求帮助，而且这种辅导可能贯穿整个学期或学年，甚至这些学生有可能在下一学年成为院校的辅导老师。

在上文提到的中部中央大学的例子中，部门和院校的任务偏差是如何形成的呢？没有在类似院校工作经验的，也（或）没有彻底适应新院校文化本质的新员工，这两类人可能是这种偏差发生的原因。新的高层领导不了解其所在新院校的历史，也（或）不理解院校文化对学生事务项目和服务的强大影响力，同样可能是这种偏差发生的原因（Kuh, Schuh, Whitt, & Associates, 1991）。

进行一次彻底的部门任务和目标检查不是一两个会议就能完成的。这可能需要大量的时间，因为部门任务和目标不只是反映员工想象中部门应该做什么，还有他们实际做了什么。因此，使部门任务和目标与整个院校一致的过程
202 可能需要重新调整组成部门中各个单位的任务和目标。这可能意味着要超出学生事务：部分单位与学生事务工作人员互动较多，他们也需要定期参与讨论。

这种扩展的一个例子可能是与一年级写作项目协调人之间或者与本科教育的负责人之间的谈话。仅仅调整对任务和目标的表述不一定能重设部门，它却是一个重要的开始。本章下一部分将介绍其他必要的措施。

实际步骤

排名不分先后，部门需要检查三个重要元素：人力资源、财政资源和体育设施物质资源。每一个元素都需要以这种方式定位以支持新设计的任务和目标。

人力资源。很明显，这个部门需要员工组织、设计、实现和评估项目和服务，但不是所有的员工都有适合高校的背景、培训和理念。例如，某工作人员从一所大城市的走读学校到一所寄宿制的本科学校，如果新院校没有拓展培训，他很可能要经历一个艰难的调整。这并不是说这样的调整是不可能完成的，因为有许多成功转换的例子，但他认为从某院校或某一类型的院校转移到其他院校客观上需要大幅度的调整，这在我们看来是情有可原的。

新员工并不是唯一需要确保他们的工作方式是与其院校一致的人员。随着院校和部门其任务和目标的改变，曾经在这些院校部门工作多年的老员工也要重新调整他们专业实践的思想和方法。例如，一位受雇纠正预算混乱的房产主任，为了完成这具有挑战性的任务，正在接受批评，即在发展居住为基础的学习社区方面没有投入足够的时间。例子中的这位主任在理清财政混乱上做得很 203
不错，但是当重点变了时，理念也要变。

在中部中央大学的例子中，员工可能需要参与一系列旨在“解压缩”鉴定团队报告的会议或务虚会。他们需要研发策略，专注于实施与大型院校需要相一致的项目、服务和活动。这一评估必须包括重新审视院校的任务和目标。如果学生事务存在鉴定团队所批判的偏离，而这种偏离会导致大学生活动的匮乏，这时就有必要调整各单位的工作。除了务虚会和会议，这项工作可能包括外部顾问、走访任务和目标类似于中部中央大学的院校、和/或参与研讨会提供旨在帮助员工调整工作的专业组织。学生事务工作人员可以借助这些策略或者其他策略来调整他们的工作，使之符合中部中央大学的需求。

财政资源。虽然我们认为员工是学生事务部门的基石，但他们可获得的财政资源对他们执行中部中央大学从学生事务所需的能力至关重要。通过回顾学生事务曾经采用的财政资源，我们开始对财政资源进行评价。例如，在过去的十年里，财政资源的组合是发生变化，还是与学生事务保持相对一致呢？再比如，部门资金是否从院校的一般资金储备转向学生费用或收费服务？在本章这

一节后续中会有更多关于该主题的内容。

在学生事务中投入每个学生的资源数量也可以检验出改变措施。设置辅助服务（如住房和食品服务）之外，在过去十多年里，用于学生事务的院校预算的比例是多少？数字是增加、下降还是维持不变呢？这个问题的答案将表明学生事务部门在保证校园资源用于项目和服务的方面做得有多成功。如果数字下
204 降，也许是学生事务在学校的重要性减弱，但如果数字增加了，资金的增加将导致什么呢？

预算的比例不仅是一个重要衡量标准，而且是中部中央大学学生事务预算与类似院校的比较。大多数院校都有一套类似自我鉴定的并行院校。中部中央大学的学生事务预算在院校总支出中所占的百分比，与并行院校相比如何？与并行院校相比，中部中央大学在学生事务上花的钱平均到每个学生是多少？如果中部中央大学在各个方面花的钱少，那么就会有其他需要探讨的问题，如为什么中部中央大学的学生事务没有它的并行院校进行得好？换句话说，如果中部中央大学花费更多，那么这些支出会导致哪些额外效果？

最后，正如前文提出的，财政资源的组合是如何随时间的推移而变化，这一研究值得开展。学生事务的资金来自院校的一般资金（国家对公共机构拨款和学费；民办、非营利性或营利机构的学费）、学杂费和服务费。如果组合发生了改变，这是否表明学生们正在更直接评估他们参与的服务和项目？是否增加学生费用以降低学费上涨的幅度？谁控制着学生费用的收入？如果征收更多的服务费，如职业服务登记费、停车费、学生健康服务费等，此种趋势在关于出勤费用的制度理念中反映了什么？

物质资源。与人力资源和财政资源同等重要，一个学生事务部门的物质资源也在项目、服务和学习活动的实施上居于中心位置。例如，如果用于娱乐的户外空间非常有限，就不可能有一个强盛的校内触身式橄榄球、英式橄榄球或足球联赛；如果没有游泳池，娱乐或校内的游泳也会受限；会议室或办公空间不足，可能会限制学生社团、学术俱乐部及服务组织等的发展。

205 显然，某些学生事务对设施要求会更多。学生宿舍及学生会需要很大的空间，常常通过长期收益债券来融资。确保设备及时更新和维护良好对于产生足够的收入来说至关重要，这些收入可以用来维持设施的吸引力和财政稳健。长期维修及改造计划应当和偿债基金同时就绪，这一基金为更换屋顶、窗户、供暖和空调等必要的维修提供财政资源。

其他学生事务，比如说司法事务、国际项目、学术建议和多元文化事务等，需要的设施密集程度较低，而且学校会提供资源。他们需要办公室和会议

室，却并不像医疗服务或儿童保育中心那样需要专门的设备，但这并不意味着在设施密集低的单位里，空间的常规审计是不必要的或者设备失修是可以被允许的。司法事务或辅导服务等单位与学生宿舍或健康中心不同，后者如果设施不健全就无法正常运转。对设施进行例行审计，准备长期维修和改造计划，并设立基金来支付改造和升级费用，这是使学生事务及时适应院校需要的中心所在。失修的废旧老式设施是一个信号：它表明学生事务并不是一所学校最优先关注的，同时也会向学生及其父母和其他对学生经历感兴趣的人传达不利消息。

保持一致

中部中央大学经历的鉴定过程引发了一些问题，即学生事务部门和非学生事务部门的分离已经偏离整所学校任务的程度。结果，许多校园部门接受了大范围的检查，并做出改变以符合中部中央大学的任务和目标，学生事务也不例外。研究人力、金融和财政资源，调整部门工作使之再次符合中部中央大学及其学生期 206
望和需要。但浮现在学生事务部门的高级领导头脑中的问题是：我们如何与中部中央大学的需要及时保持一致？此外，领导们还想知道他们如何才能避免一些曾发生过的错误：偏离学生事务的中心目的——支持和加强中部中央大学本科学生学习。部门如何及时保持与院校需要一致是学生事务面临的一个持续挑战。

保持学生事务与学校的任务和目标相一致

除了确保学生事务与学校的任务和目标的一致（正如前文讨论的那样），审查学生事务及其单位的战略计划以确保其与学校的计划一致也是必要的。例如，年度报告应该说明已完成的学生事务如何支持并提升大型院校。新项目提案应关注新计划将如何使学校与任务和目标一致。评估当前的项目，同样应该关注单位活动如何有助于达成部门的任务和目标，这个活动应该至少每年进行一次。

提供适当的基础设施

不管借助哪种学生事务实践模式，学生事务工作人员都需要一个适当的基础设施来进行他们的工作。这种基础设施元素包括财政资源、能高效利用设施训练有素的专业工作人员、精心策划协调的项目和服务。

审查财政资源。前文概述过的财政资源审查在下文会详细列出，目的在为部门工作提供足够和适当的基础设施。部门及其组成单位的预算不仅仅意味着 207
确定资源是否足够实施学生事务。预算表示的要远比这更多，它们反映了组织

的优先事项和目标，因此，年度收入（普通基金、服务费、学生费用）回顾势在必行，其目的是支持下一个财政年度的学生事务。这种混合稳定吗？混合趋势的方向是什么？由于缺乏资金项目是否被削减或取消？如果是这样，为什么会缺乏资金？正在启动什么新项目？它们是如何被资助的？员工工资跟得上市场吗？如果需要进行分析来确定预算支持是否足够，或者预算支持是否朝向在未来很有可能引发重大挑战的方向，这些问题就是分析的范本。

使员工与时俱进。虽然本书并不是关于员工发展的，但一个学生事务部门能否与时俱进也可以体现在这一点上，即无论员工从事这一领域的时间长短，他们始终处在专业实践的最前沿。这表明该部门完全支持员工发展的主动性，而正是这种主动性使员工与时俱进，以下是使员工与时俱进的一些策略：

1. 一个面向新员工的深入定位项目。
2. 支持员工参加会议和出席专业会议项目。
3. 鼓励员工参加如国家住房培训院校等延伸发展项目。
4. 给员工适当机会授课。
5. 一个庆祝部门最佳表现的奖励项目。
6. 海报或其他优秀举措的介绍，以及对计划和服务的评估项目。
7. 使用网站和脸书等技术唤起公众对于部门项目的意识和主动性。

杰克逊、莫内塔、内尔森（Jackson, Moneta, & Nelson, 2009）、考米斯和卡
208 朋特（Komives & Carpenter, 2009）提供一些与员工个人发展与提高有关的策略和技术。在最后的分析中，提供一个支持员工的基础设施是保证部门与时俱进的一个重要因素。

进行设施审核。建立能支持部门和院校的使命的基础设施，除考虑预算分配和员工发展外，还需要注意设施的存在和有效利用。之前我们提到过一些学生事务单位，如校园娱乐，是设备密集型的；而其他部门，如司法事务，则更对设施要求不高。无论如何，每年都应该进行设备审核，长期的设施修复和改造计划也应该每年更新。与其等待灾难发生，如宿舍在冬季出现供暖系统故障，还不如按照计划维护而不是紧急情况修复设施。这种方法表明，周密的计划以及审慎的财政管理，能确保有足够的资金来维持工作顺利进行。此外，院校领导人应该注意设施会吸引学生，如学生宿舍、学生会或娱乐设施等备受瞩目的设施的破损，可能导致有意向就读的学生寻找其他条件更好的学校。

评估项目和服务。与院校需求保持一致也要求信息。一个故事说明了这一点。已故的纽约市前市长埃德·科克（Ed Koch）曾行走于城市，询问市民他

该怎样做。据说，纽约人很乐意给他建议。这则轶事中的评估形式向埃德·科克市长及其工作人员提供了公民是如何评价城市项目和服务的信息。

我们并不建议用收集的传闻作为某个评估项目的基石，但我们强烈建议，在学生事务中将项目数据的收集和分析视为学生事务项目和服务的核心部分。评估问责和改进（Ewell，2009）是学生事务教育者（Schuh & Associates，2009）进行工作的基础。员工往往出于以下各种原因拒绝进行评估：（1）缺乏时间和资源；（2）害怕结果；（3）缺乏管理、支持；（4）缺乏技能（Schuh， 209
2012）。用一种深思熟虑的方法将评估纳入学生事务部门工作，所有这些担心或问题都可以这样克服。一种简单的方法是，每当有新的学生项目、服务或学习经历被提出时，员工可以问："如何确定它是有效的？"事实是，评估几乎是所有高等教育的重要部分，同时也是鉴定过程中一个很重要的元素（例如参见，Southern Association of Colleges and Schools Commission on Colleges，2012）。为了让这一区域与大型院校想要什么、需要什么和渴望什么保持一致，评估正在进行的项目是至关重要的。如同桑迪恩及巴尔（Sandeen & Barr, 2006, p.131）所断言的，这个问题（评估）现在对学生事务的成功实践非常重要。没有评估过程中产生的信息，领导者将无法依据经验断言学生事务工作是否产生院校所需要的结果。

闭环

学生事务工作人员很容易由于陷入眼前问题而忽视大局。指出这一现象并不意味着是在批评他们，因为在很多方面，学生事务工作人员是负责解决校园危机的一线院校代表。米瑟和杰瑞（Miser & Cherrey）总结说，在我们看来，危机的有效应对是学生事务管理人员的必备技能（2009, p.602）。除了校园危机，学生事务工作人员还要处理校园冲突，如同罗珀和马修斯（Roper & Mathews）所指出的：当冲突出现时，学生事务的负责人必须有能力把冲突看作潜在的积极动态、召集关键个人、评估动态情况、确定适当的过程及走向成功的结果（2011, p.454）。直到问题解决，危机和冲突几乎是不可能预测的，而且它们通常会拖延员工手头的工作。这意味着员工常常埋头于他们的日常工作，不太可能有时间注意整体走向。

虽然我们承认学生事务工作人员往往被难以预测的工作缠住，但我们也断 210
言，员工必须能从日常琐事中抽身，以更长远的观点来看他们负责的工作和单位。对于学生事务的单位负责人和高级领导人，这种说法尤其现实。我们相信，至少每年一次，部门员工必须审查其职责范围内的任务和目标，并仔细评估在过去 12 个月收集的数据。这项审查将有助于确定学生事务部门及其单位在多大程度上没有偏离正轨或是根据学生事务的需要重新调整。如果这项工作是每年进行一次，必要的变化可能只是一些操作的微调，比如说从经营预算增加 2% 资金投入维修和康复基金，或是下一学年开始前向工作人员提供一次疗养。如果这项工作不是每年都会进行，我们认为，部门和单位有可能发现自己面临着类似于中部中央大学的情况——鉴定报告的重点是，外部评审发现本应该为学校服务的学生事务出现了明显的偏离。

结　论

在这一章中，我们提出了关于学生事务部门组织更新的观点。很明显，没有提到的还有很多，但我们认为，至少已经确定了一些对学生事务教育者们非常有价值的想法。我们的方法既简单又复杂，这在我们提出的方法的很多方面都很明显：与大型院校的任务和目标一致、提供适当的基础设施支持部门的工作、评估目标实现的程度。这些措施既不新奇也不难理解。虽然设计简单，但实施却复杂，向学生事务教育者提出时间和专业知识的很多要求。我们认为，要保持与时俱进，有关部门就不能忽视这些与更新
211 有关的步骤。我们的方法是全面系统的。我们研究的院校很好地说明了这一方法。我们认为这种方法非常可靠，而且在采用这种方法的院校中，它们都能有助于开展学生事务和学生活动。

讨 论 题

- 在学生参与度高的高校中，学生事务是怎样的？
- 在促进学生成功——毕业率方面，学生事务扮演什么角色？
- 在促进学生成功方面做得很好的学校，其学生事务实践存在哪些相似之处?
- 差异巨大的学生事务方法有没有可能同样可以培养学生成功？
- 这些方法与建立学生事务模式有何不同？
- 为确保学生事务分工及其各自任务与院校使命是一致的，你所在院校每年做了些什么?
- 一个坚实的基础设施（设备、人员、预算）是如何维持你所在院校的学生事务的?你所在院校的学生事务更新中有什么可以说明这一点？
- 为改进而进行的评估和问责在你所在的学校是如何持续的?

附录A

有效教育实践研究记录研究方法

本附录简要总结了用于有效教育实践研究记录项目的研究方法，这一为期两年关于有效教育实践的研究是在学生参与的全国大学生参与度调查院校赞助下进行的，并在印第安纳大学高等教育研究中心实施。更完整的有关研究方法的解释可见于库、肯奇、舒及其他合著者（Kuh, Kinzie, Schuh, Whitt, & Associates）的《高校学生成功》（2005/2010），其中包括从最初出版这本书后得出的更进一步的发现。关于进行更新方法的详细信息在本附录的最后进行了总结。 213

简介

有效教育实践研究记录的目的是全面解析20所高绩效院校如何提高学生的参与度和成功率。研究小组收集并使用定性的案例研究设计（Merriam, 2002）来发现和记录成效高于预测的学生参与及成功的政策、程序、实践和条件。

研究团队

有效教育实践研究记录研究团队由特意挑选的24位成员组成，他们有着不同的专业领域和背景，主要成员是学者，其他成员则是现任或前任学术事务和学生事务从业人员。团队足够大，从2002年秋季到2004年冬季对每所学校进行两次多天的实地视察（总共40次）。

有效教育实践研究记录团队的成员在2002年8月开了三天会，来回顾研究过程，讨论实地考察过程和后勤，研制数据收集协议。通过电话会议的面对面

214 交流，团队在数据采集阶段交流四次。实地考察组定期通过电子邮件和电话在考察之前、期间和之后进行沟通，讨论数据分析程序及其阐释，决定各方面的工作，并进行数据分析。

样本

研究者使用的是一个理想的典型案例的选择过程，即研究者以此确定可作为“模型”的院校，这些院校具有可视的促进学生成功的记录（LeCompte & Preissle, 1993）。样本院校是从备选的全美 700 所四年制的学院或大学中挑选出来的，它们都参加了 2000 年和 2002 年全国大学生参与度调查。700 个备选院校缩小到那些学生的参与高于预测和六年毕业率高于预测的院校。回归模型统计了学生参与分数和毕业率的预测，符合这两个标准的院校数量超过目标的 20 所——这是项目资源（如最大数量、财务、人员、时间）可以负荷的最大数目。这时就会考虑一些额外的标准：院校规模、类型（如四年制院校）、控制（如公共或私人）和地理区域（地区，农村 / 城市）。

数据收集

3～5 名研究人员组成的研究小组前往 20 所有效教育实践研究记录学校进行第一次实地考察之前，会确定一位校内的访问协调员，以方便研究，为团队评审收集文件，安排面谈和焦点小组。实地考察团队会提前评阅一些书面或网络文件，如院校的历史、目录、招生材料、政策陈述、学生手册、组织结构图、学生的校报和其他校园出版物或视频、鉴定报告、院校自我研究等。回顾校园网站让团队注意到目前的问题和时事，回顾访问院校的全国大学生参与度调查的调查数据来确定调查和探索的可能线索。

215 在学校里，研究小组通过以下几种途径获得的数据：访谈、焦点小组、观察和对促进学生成功的项目、政策与完成所做的文献分析。五条全国大学生参与度调查的有效教育实践的集群（即学术挑战的水平、积极与合作学习、学生与教师之间的互动、丰富的教育经验和支持性校园环境）是一个概念图，可以指导数据收集和分析。小组还试图探究那些不在全国大学生参与度调查框架内，但却被受采访者认为与学生参与和成功有关的项目、政策以及实践。实地考察团队成员之间的现场同行讨论，可以测试假设和确定主题与解释。最后，与关键信息提供者（如教务长、网站协调员）的会面可以收集反馈和验证目的。

首次实地考察之后，考察团队成员起草“阶段报告”。报告主要包括学院或大学环境描述，突出介绍相关政策、程序和实践、受访者及其他数据源认为与学生参与和成功有关的确定因素和条件。阶段报告总结了需要额外考虑的试探性主题和需要在第二次访问中探索的那些确定悬而未决的问题和主题，报告被发送到校内考察访问协调员，要求广泛地在校园内进行检核。

第二次实地考察团队通常由两三个人组成，其中至少包括一名第一次实地考察的成员和一名新成员。这种方法能同时确保连续性和新视角。第二次访问期间，团队与学生和教职工等进行汇报会议，讨论阶段报告，以纠正错误并确定需要进一步关注的实践。滚雪球抽样可用来识别增加的受访者，实地考察团队可以从他们身上了解一些不同的或潜在的有益观点。第二次访问之后，最终报告完成，并被发送到学校并请求额外成员检核、反馈和评论，这一报告成为了分析的主要数据来源。阶段考察报告和最终实地考察报告都包括描述性和解释性材料，以便读者能在研究目标，发现和新兴主题之间确立明确的联系
(Merriam, 2002)。 216

总的来说，团队成员与超过 2 500 人（1 233 名学生，1 233 位教职工，学生事务专业人员、图书馆管理员和教学技术人员 526 人）单独或小组互动，有些人不止被采访过一次。团队成员走进约 60 个班级，参加了 30 多个校园活动，在大约 20 个校区用过餐，坐公交车，参加校园之旅，漫步校园，参观学生中心。

数据分析

来自多个出处的定性数据分析是一个迭代的过程(Coffey & Atkinson, 1996)。在这项研究中，数据收集和分析在每一次实地考察中变得更加系统化。这种迭代、紧急的设计使团队成员不断地提高收集信息的数量和质量。通过解释学和辩证法(Guba & Lincoln, 1989)，对不同的解释、断言、忧虑和问题进行分享、理解、考虑、批判，并采取行动。其目的是引起研究小组成员和院校利益相关者持续的阐释印象，尊重并同时测试他们的构思和对收集到的数据所做的假设解释。分析学校内部和学校之间的数据。用最丰富的方式分析数据，在条件允许的情况下(如专业会议、电话会议)，在数据收集和分析过程中不同组合的研究团队成员碰面。

在数据分析阶段，志愿团队成员从报告中辨认出关键的数据元素。这些元素是最小的单位(如短语、句子、段落)，它们独立存在并包含有意义的信息(Lincoln & Guba, 1985)。为了管理流程，可以使用 NUD * I ST/NVivo 软件(Richards, 2002)。NUD * I ST 要求全国大学生参与度调查员工和选择研究团

217 队成员逐行读取数据，揣摩每个单词、句子和想法的意思（Creswell, 1998）。

诚信

三角测量（即同行汇报），查核和为建立信誉寻找证据证伪，都是用来建立诚信的（Creswell & Miller, 2000; Lincoln & Guba, 1985）。实地考察期间和之后，通过电子邮件和电话会议，同行汇报质疑初步假设、假设和解释；分发给整个研究团队阶段报告和最终报告，告知他们在随后实地考察中收集的数据；受访者分享阶段报告和最终报告以证实或质疑其准确性及可信度；全国大学生参与度调查研究所工作人员审查每一份阶段报告检查数据和初步解释。

提供调查决策是合乎逻辑且站得住脚的证据而进行追踪审查（Lincoln & Guba, 1985; Whitt & Kuh, 1991）。追踪包括原始数据（如磁带、采访笔记和文档）、专业笔记、采访和文档摘要等形式。案例分析形式（如多份实地考察报告），成员查核的证据以及与研究团队的意图相关的材料，包括述职报告、员工会议纪要和信件，也成为追踪的一部分。

更新至高校学生成功

我们在 2009 年进行了追踪调查，来判定在我们最初的案例研究六年后，学生成功的条件在多大程度上仍然具备。为了进行这次更新，我们检查了实证措施，即全国大学生参与度调查的结果和毕业率，以考察当前性能与确定有效教育实践研究记录学校时相比如何。全部 20 所有效教育实践研究记录院校在我们的考察之后至少进行一次全国大学生参与度调查，其中 16 所院校有来自至少三个行政部门的结果，并将随着时间推移而更强劲的检查考虑在内。总的来说，每所院校看起来是一样的，其中一部分稍微提高了学生参与分数。毕业率
218 与 2002 年多半相似，但有趣的是，有 7 所学校的毕业率增加了至少 6%，有 3 所学校增长了 10%。我们也要求我们在院校的主要联系人回复一些关键问题，这些问题主要是关于项目的状况，实践和与学生成功相关的政策，新举措和有效性的证据，以及为维持有效教育实践而进行的努力。我们也通过电话、电子邮件和面对面的会议来跟进联系，更多地了解发生了什么。这次更新的结果公布在《高校学生成功》（Kuh, Kinzie, Schuh, Whitt, & Associates, 2005/2010）的序和后记中。

附录 B

学生事务实践模式清单

曼宁、肯奇及舒（Manning, Kinzie, & Schuh）

请检查适用于你所在校园学生事务部门或办公室的特点。 219

____1. 在院校运转中学生被视为平等。

____2. 教务管理员“听起来像”学生事务管理者，学生事务管理者“听起来像”教务管理员。

____3. 学生发展理论是支撑部门 / 办公室的主要理论。

____4. 学术事务和学生事务彼此推卸责任，遇事往往置身事外。

____5. 学生事务工作人员为浓厚的学术氛围提供结构支撑。

____6. 学术事务和学生事务领导人了解到彼此的发展领域。

____7. 学生领导力是部门 / 办公室的主要目标。

____8. 活动、决策和程序是学生的责任。

____9. 学生事务假定一些学生在入学时学术工作准备不足，而院校致力于提供帮助。

____10. 不认可学术事务和学生事务经验的互补性，或不依此行事。

____11. 学生事务和学术事务任务设计都服务于整个学生学习经历：从入学到毕业。

____12. 学生事务的管理和组织分工清晰。

____13. 学生之间产生了显著的相互作用，学术事务的共同目标为增强学生的学习效果。 220

____14. 行政条块被拆除，以便为学生提供最好的体验。

____15. 假设学生需要不同的由独立部门提供的最优项目、服务和环境。

____16. 在没有或有部门最低层次分工的情况下，服务、项目和政策非常好和

（或）充分地实施。

____17. 创建关心和支持的氛围。

____18. 学生事务部门的关注重点是学生们最需要支持的领域。

____19. 学生事务拥有学生的信任水平高，而且他们密切参与大部分的校园项目和服务的运作。

____20. 商业和消费取向是普遍的。

____21. 学生事务和学术事务的程序、服务和活动为资源、学生时间和任务的优先权而竞争。

____22. 部门之间对资源和学生注意力的竞争。

____23. 学生事务和学术事务保持其独特的功能，但从它们本身独特的视角利用学生学习的优势。

____24. 由于学生事务和学术事务的联合努力，增加了学生在校内外学习的机会。

____25. 由于学生事务和学术事务之间缺乏协调，重复工作是常态。

____26. 效率和有效性的主要关注点是学生事务功能的交付。

____27. 组织学生事务的信念是在大学学生可能需要额外的支持才能取得成功。

221 ____28. 教师和学生事务工作人员的任务分为课堂活动和课外活动。

____29. 教师可以自由地集中精力做教学、研究和服务。

____30. 功能和服务聚集在一起。

____31. 增长和发展来自独立于正式的学术课程之外的课外经验。

____32. 学生主导校园活动、项目和服务。

____33. 单独的学生事务部门的部门 / 办事处具有高水平的专业素质和专业技能。

____34. 学生事务工作人员与全体教师共同发展一个丰富的知识社区。

____35. 学术事务和学生事务不了解各自为彼此作出的贡献。

____36. 首要的任务是创建一个知识环境。

____37. 学生事务和学术事务尊重对方的专业，而且尽量不互相干扰。

____38. 每一个部门都有独立的预算。

____39.《学生学习是当务之急》和 / 或《重思学习》成为你的校园模式理念。

____40. 个别学生和学生事务教育者之间的关系并不如办公室的整体声誉那样至关重要。

____41. 项目和服务交付效率低是因为学术单位不在意学生事务活动。

42. 监管的去中心化、职业发展甚至有时包括目标都是十分普遍的。

____43. 学生事务和学术事务是彼此独立的，尽管他们在重要问题上相互沟通。

____44. 无缝学习可以在任何地方开展。

____45. 以学生支持的名义提供的服务水平很高。
____46. 学术事务和学生事务提供学生学习经验，与另一方的努力不协调。
____47. 学生组织是教授规划、预算、决策和解决冲突的天然实验室。 222
____48. 学生事务的主要目的是提供服务，而不是向学生提供以发展为导向的教育。
____49. 学生事务部门的各办公室独立运作。
____50. 学生事务实施的假设是，当为便利地组织与提供服务时，学生们更满意。
____51. 只有教师教授的课程包括新生研讨课、领导力或其他学生事务性学科。
____52. 课外学习是重要的，但课内学习更重要。
____53. 学生事务部门 / 办公室的主要目标是课外学习。
____54. 学术和学生事务之间规划是为了避免冲突，而不是为了学生的学习和参与的合作。
____55. 强力伙伴关系是从学术事务和学生事务的优势中产生的。
____56. 学生事务工作人员有策略、有目的地让学生参与校园活动和项目。
____57. 项目和服务可能缺乏专业管理经验的“打磨”。
____58. 单独的迎新会和支持服务是为特定的学生或学生群体的特殊需要而量身定做的。
____59. 学生管理院校。
____60. 周期性提供服务，而不是每天。
____61. 学术事务和学生事务的专业化与焦点的缩小被视为高于协调与合作。
____62. 学生事务活动支持学术任务，而不是与之竞争。
____63. 学生事务功能支持教育的目标，但它本身不提供教育。
____64. 学生事务清楚他们的角色是支持学术任务。
____65. 学生事务通常负责启动学术事务的合作。 223
____66. 学生事务工作人员负责选择能促进学生参与的服务、项目和环境。
____67. 学生事务工作人员鼓励并非常期望学生参与决策和治理。
____68. 学生事务工作人员经常面临大量使用学生员工的道德困境。
____69. 学生事务工作人员在与学术使命不相关的课外活动项目中投入的精力很少。
____70. 学生事务和学术事务的任务是不同的，但他们尊重和承认彼此对学生学习所做的贡献。
____71. 学生员工职位空缺通常给全职职工保留。
____72. 学生赋权和领导力是校园内学生事务理念的中心。

____73. 学生参与和领导力是学生事务核心理念。
____74. 学生的学习超越行政等级体制和功能区域界限。
____75. 学生的成功和学术严谨性是最重要的。
____76. 学生高度参与课程辅助活动。
____77. 由于学生的深入参与，他们对学校的运作投入很大。
____78. 学术任务是院校的重中之重。
____79. 强调学生的学习，不管它发生在何地。
____80. 学生的精力、时间和能力被导向那些能最大化学生的学习和发展的活动。
____81. 对学生高水平的服务是劳动密集型的，也是昂贵的。
224 ____82. 课内和课外的界线模糊。
____83. 通过校园工作，学生可以获得技能，为毕业后的就业做准备。
____84. 学生任何课内外的经历都有可能成为学生学习的原因。
____85. 学术事务和学生事务不愿合作是很常见的事。
____86. 成熟的项目、服务和政策是为课内外环境而建立的。
____87. 学生事务可能有时会过度保护、溺爱或不能充分考验学生。
____88. 通过合并及协调学生事务和学术事务，最大限度地促进学生全面发展。

得分

学术课程外模式

3. ____
7. ____
28. ____
29. ____
47. ____
53. ____
66. ____
86. ____

________ 总分

职能条块模式

12. ____
15. ____

16. ____
22. ____
33. ____
38. ____
42. ____ 225
49. ____

________ 总分

学生服务

20. ____
26. ____
30. ____
40. ____
48. ____
50. ____
60. ____
63. ____

________ 总分

竞争对抗

21. ____
25. ____
35. ____
41. ____
46. ____
51. ____
61. ____
85. ____

________ 总分

辅助课程

4. ____
10. ____

31. ____
37. ____
43. ____
52. ____
54. ____
70. ____

________ 总分

226

无缝学习

6. ____
11. ____
14. ____
39. ____
44. ____
79. ____
82. ____
84. ____

________ 总分

关怀伦理

9. ____
17. ____
18. ____
27. ____
45. ____
58. ____
81. ____
87. ____

________ 总分

学生导向

32. ____
56. ____

68. ____

71. ____

73. ____

76. ____

80. ____

83. ____

________ 总分

学生能动性

1. ____

8. ____

19. ____

57. ____ 227

59. ____

67. ____

72. ____

77. ____

________ 总分

学术－学生事务合作

2. ____

13. ____

23. ____

24. ____

55. ____

65. ____

74. ____

88. ____

________ 总分

学术型

5. ____

34. ____

36. ____

62. ____

64. ____

69. ____

75. ____

78. ____

________ 总分

首要模式（最高分）：____________

次要模式（仅次于最高分）：____________

参考文献

Allen, K., & Cherrey, C. (2000). *Systemic leadership: Enriching the meaning of our work*. Lanham, MD: University Press of America.

Alpert, D. (1985). Performance and paralysis: The organizational context of the American research university. *Journal of Higher Education*, 56 (3), 1–19.

Ambler, D. (2000). Organizational and administrative models. In M. J. Barr, M. K. Desler, & Associates, *The handbook of student affairs administration* (pp. 121–133). San Francisco, CA: Jossey-Bass.

American Association for Higher Education (AAHE), American College Personnel Association (ACPA), & National Association of Student Personnel Administrators (NASPA). (1998). *Powerful partnerships: A shared responsibility for learning*. Washington, DC: American College Personnel Association.

American College Personnel Association (ACPA) (1996). *The student learning imperative*. Washington, DC: Author.

American College Personnel Association (ACPA) & National Association of Student Personnel Administrators (NASPA). (1997/1999). *Principles of good practice for student affairs*. Washington, DC: Author.

American College Personnel Association (ACPA) & National Association of Student Personnel Administrators (NASPA). (2004). *Learning reconsidered: A campus-wide focus on the student experience*. Washington, DC: Author.

American Council on Education (ACE). (1937). The student personnel point of view. Washington, DC: Author. Retrieved from http://www.bgsu.edu/colleges/library/cac/sahp/word/THE%20STUDENT%20PERSONNEL.pdf

American Council on Education (ACE). (1949). The student personnel point of view. Washington, DC: Author. Retrieved from www .bgsu.edu/colleges/

library/cac/sahp/pages/1949SPPVrev .pdf-2010-12-02

Andrews, K. R. (1980). *The concept of corporate strategy* (2nd ed.). Homewood, IL: Irwin.

Appleton, J. R., Briggs, C. M., & Rhatigan, J. J. (1978). *Pieces of eight: The rites, roles, and styles of the dean by eight who have been there*. Portland, OR: National Association of Student Personnel Administrators.

Arum, R., & Roksa, J. (2011). *Academically adrift: Limited learning on college campuses*. Chicago, IL: University of Chicago Press.

Association of American Colleges and Universities (AAC&U). (2007). College learning for the new global century: A report from the National Leadership Council for liberal education and America's promise. Washington, DC: Author. Retrieved from www .aacu.org/leap/documents/GlobalCentury final.pdf

Association of American Colleges and Universities (AAC&U). (2012). A crucible moment: College learning and democracy's future. Washington, DC: Author. Retrieved from www .aacu.org/civic learning/crucible/documents/crucible 508f. pdf

Association of College and University Housing Officers International Residential College Task Force (ACUHO-I). (1996, April). The residential nexus: A focus on student learning. *Talking Stick: Bringing Academics to the Residence Halls*, 13 (7), 6-10.

Astin, A. W. (1977). *Four critical years*. San Francisco, CA: Jossey-Bass.

Astin, A. W. (1984). Student involvement: A developmental theory for higher education. *Journal of College Student Personnel*, 25 (4), 297−308.

Astin, A. W. (1985). *Achieving educational excellence*. San Francisco, CA: Jossey-Bass.

Astin, A. W. (1990). Student involvement: A developmental theory for higher education. *Journal of College Student Personnel*, 40, 518−529.

Astin, A. W. (1991). *Assessment for excellence: The philosophy and practice of assessment and evaluation in higher education*. American Council on Education Series on Higher Education. Washington/New York, NY: American Council on Education and Macmillan.

Astin, A. W. (1993). *What matters in college? Four critical years revisited*. San Francisco, CA: Jossey-Bass.

Astin, A. W. (1999). *Involvement in Learning* revisited: Lessons we have learned. *Journal of College Student Personnel*, 40, 587–598.

Baldridge, J. V., Curtis, D. V., Ecker, G., & Riley, G. L. (1980). *Policy making and effective leadership*. San Francisco, CA: Jossey-Bass.

Ballard, S., & Long, P. N. (2004, November/December). Profiles in partnership: Finding strength in collaborative leadership. *About Campus*, 9 (5), 16–22.

Bandura, A. (2001). Social cognitive theory: An agentic perspective. *Annual Review of Psychology*, 52, 1–26.

Banning, J. (1978). *Campus ecology: A perspective for student affairs*. Cincinnati, OH: NASPA Monograph.

Barr, M. J. (2000). The importance of institutional mission. In M. J. Barr, M. K. Desler, & Associates, *The handbook of student affairs administration* (2nd ed., pp. 25–36). San Francisco, CA: Jossey-Bass.

Barr, R., & Tagg, J. T. (1995, November/December). From teaching to learning: A new paradigm for undergraduate education. *Change*, 27, 12–25.

Baum, S, & Ma, J. (2012). *Trends in college pricing*. New York, NY: The College Board.

Benedict, A., Casper, B., Larson, L., Littlepage, G., & Panke, J. (2000). Utilizing paraprofessionals to expand student outreach. Paper presented at the National Career Development Association Annual Conference, Pittsburgh, PA.

Birnbaum, R. (1991). *How colleges work*. San Francisco, CA: Jossey-Bass.

Blau, P. M. (1970). A formal theory of differentiation in organizations. *American Sociological Review*, 35, 201–218.

Blau, P. M. (1970/1973). *The organization of academic work*. New York, NY: John Wiley & Sons.

Blau, P. M. (1972). Interdependence and hierarchy in organizations. *Social Science Research*, 1 (1), 1–24.

Blimling, G. S. (2009). A legacy of scholarship in which every student affairs professional can be proud. *Journal of College Student Development*, 50 (6), 712–714.

Blimling, G. S., Whitt, E. J., & Associates. (1999). *Good practice in student affairs: Principles to foster student learning*. San Francisco, CA: Jossey-Bass.

Bloland, P. A., Stamatakos, L. C., & Rogers, R. R. (1994). *Reform in student affairs: A critique of student development*. Greensboro, NC: ERIC Counseling and Student Services Clearinghouse.

Bourassa, D.M., & Kruger, K. (2001). *The national dialogue on academic and student affairs collaboration*, (pp. 9–38). New Directions for Higher Education, 116. San Francisco, CA: Jossey-Bass.

Bowen, H. R. (1977). *Investment in learning: The individual and social value of American higher education*. San Francisco, CA: Jossey-Bass.

Boyer, E. L. (1987). *College: The undergraduate experience in America*. New York, NY: Harper & Row.

Boyer, E. L. (1990). *Scholarship reconsidered: Priorities of the professoriate*. San Francisco, CA: Jossey-Bass.

Breen, D. G. (1970). Survey of selected programs for student leadership training at colleges and universities. Eric Document 044073. DeKalb, IL: Northern Illinois University.

Brown, R. D. (1972). *Student development in tomorrow's higher education: A return to the academy* (Student Personnel Series No. 16). Washington, DC: American College Personnel Association.

Bruffee, K. A. (1993). *Collaborative learning: Higher education, interdependence, and the authority of knowledge*. London: Johns Hopkins University Press.

Burke, J.C. (2004). The many faces of accountability. In J.C. Burke & Associates, *Achieving accountability in higher education* (pp. 1–24). San Francisco, CA: Jossey-Bass.

Caple, R. B. (1996). The learning debate: A historical perspective. *Journal of College Student Development*, 37 (2), 193–202.

Caple, R. B. (1998). *To mark the beginning: A social history of college student affairs*. Lanham, MD: University Press of America.

Chandler, E. M. (1973/1986). Student affairs administration in transition. In G. L. Saddlemire & A. L. Rentz (Eds.), *Student affairs: A profession's heritage* (pp. 334–345). Alexandria, VA: ACPA.

Chickering, A. W. (1969). *Education and identity*. San Francisco, CA: Jossey-Bass.

Chickering, A. W. (1977). *Experience and learning: An introduction to experiential learning*. New Rochelle, NY: Change Magazine Press.

Chickering, A. W., & Gamson, Z. F. (1987). Seven principles for good practice in undergraduate education. *AAHE Bulletin*, 39 (7), 3–7.

Chickering, A. W., & Reisser, L. (1993). *Education and identity* (2nd ed.). San Francisco, CA: Jossey-Bass.

The *Chronicle* 1999–2000 Almanac. *The Chronicle of Higher Education*. Retrieved from http://chronicle.com/prm/weekly/1999/facts/14stu.htm

Clothier, R. C. (1931/1986). College personnel principles and functions. In G. Saddlemire & A. Rentz (Eds.), *Student affairs: A profession's heritage* (pp. 9–20). Alexandria, VA:American College Personnel Association.

Coffey, A., & Atkinson, P. (1996). *Making sense of qualitative data: Complementary research strategies*. Thousand Oaks, CA: Sage.

Cohen, M. D., & March, J. G. (1986). *Leadership and ambiguity: The American college presidency* (2nd ed.). Boston, MA: Harvard Business School Press.

Collins, P. H. (1986). Learning from the outsider within: The sociological significance of Black feminist thought. *Social Problems*, 33 (6), S14–S32.

Cook, B., & Pullaro, N. (2010). *College graduation rates: Behind the numbers.* Washington, DC: American Council on Education.

Cook, J. H., & Lewis, C. A. (2007). *Student and academic affairs collaboration: The divine comity*. Washington, DC: NASPA.

Council for the Advancement of Standards in Higher Education (CAS). (2013). *Standards*. Retrieved from http://www.cas.edu/index.php/standards/

Crane, W. J. (1963/1983). Curb service administration. In B. A. Belson & L. E. Fitzgerald (Eds.), *Thus, we spoke. ACPA-NAWDAC 1958–1975* (pp. 107–118). Carbondale, IL: ACPA.

Crawley, A. (2012). *Supporting online students: A guide to planning, implementing and evaluating services*. San Francisco, CA: Jossey-Bass.

Creswell, J. W. (1998). *Qualitative inquiry and research design: Choosing among five traditions*. Thousand Oaks, CA: Sage.

Creswell, J. W., & Miller, D. L. (2000). Determining validity in qualitative inquiry. *Theory Into Practice*, 39 (3), 124–130.

Delworth, U., & Hanson, G. (1980). *Student services: A handbook for the profession*. San Francisco, CA: Jossey-Bass.

Delworth, U., & Hanson, G. (1989). *Student services: A handbook for the profession* (2nd ed.). San Francisco, CA: Jossey-Bass.

Dewey, J. (1904). *The relation of theory to practice in education*. Chicago, IL: University of Chicago Press.

Dewey, J. (1916). *Democracy and education*. New York, NY: Macmillan.

Dewey, J. (1940). *Education today*. New York, NY: G. P. Putnam's Sons.

Doyle, J. (2004). Student affairs division's integration of student learning principles. *NASPA Journal*, 41, 375–394.

Dungy, G. J. (2003). Organization and functions of student affairs. In S. R. Komives, D. B. Woodard Jr., & Associates, *Student services: A handbook for the profession* (4th ed.) (pp. 339–357). San Francisco, CA: Jossey-Bass.

Dungy, G. J., & Gordon, S. A. (2011). The development of student affairs. In J. H. Schuh, S. R. Jones, S. R. Harper, & Associates, *Student services: A handbook for the profession* (5th ed.) (pp. 61–79). San Francisco, CA: Jossey-Bass.

Ellis, S. E. (2010). Introduction to strategic planning in student affairs. In S. E. Ellis (Ed.), *Strategic planning in student affairs*, (pp. 5–16). New Directions for Student Services, 132. San Francisco, CA: Jossey-Bass.

Engstrom, C. M., & Tinto, V. (2000). Developing partnerships with academic affairs to enhance student learning. In M. J. Barr, M. K. Desler, & Associates, *The handbook of student affairs administration* (2nd ed., pp. 425–452). San Francisco, CA: Jossey-Bass.

Erikson, E. (1968). *Identity: Youth and crisis*. New York, NY: Norton.

Evans, N. J., & Reason, R. D. (2001). Guiding principles: A review and analysis of student affairs philosophical statements. *Journal of College Student Development*, 42, 359–377.

Ewell, P. T. (2009, November). *Assessment, accountability and improvement: Revisiting the tension*. (NILOA Occasional Paper No. 1). Urbana, IL: University of Illinois and Indiana University, National Institute for Learning Outcomes Assessment. Retrieved from learningoutcomesassessment.org

Fenske, R. (1989). Evolution of the student services profession. In U. Delworth, G. R. Hanson, & Associates, *Student services: A handbook for the profession* (2nd ed., pp. 25–56). San Francisco, CA: Jossey-Bass.

Flowers, L. (2004). Examining the effects of student involvement on African American college student development. *Journal of College Student Development* 45 (6), 633–654.

Foubert, J. D., & Grainger, L. U. (2006). Effects of involvement in clubs and organizations on the psychosocial development of first-year and senior college students. *NASPA Journal*, 43 (1), 166–182.

Franklin, D. S. (2009). A study on the organizational location of the division of campus recreation. Unpublished paper, Ohio University, Athens, OH.

Freire, P. (1985). *The politics of education: Culture, power and liberation*. Hadley, MA: Bergin & Garvey.

Freire, P. (1990). *Pedagogy of the oppressed*. New York, NY: Continuum Publishing.

Frigault, R., Maloney, G., & Trevino, C. (1986). Training paraprofessionals to facilitate leadership development. *Journal of College Student Personnel*, 27 (3), 281–282.

Garland, P. H., & Grace, T. W. (1993). *New perspectives for student affairs professionals: Evolving realities, responsibilities, and roles*. ASHE-ERIC Higher Education Report, No. 7. Washington, DC: The George Washington University School of Education and Human Development.

Giddens, A. (1979). *Central problems in social theory: Action, structure and contradiction in social analysis*. Berkeley, CA: University of California Press.

Gilligan, C. (1982). *In a different voice: Psychological theory and women's development*. Cambridge, MA: Harvard University Press.

Goodsell, A. M., Maher, M., & Tinto, V. (Eds.) (1992). *Collaborative learning: A sourcebook for higher education*. University Park, PA: National Center on Postsecondary Teaching, Learning, and Assessment, The Pennsylvania State University.

Griffin, K. A., & Hurtado, S. (2011). Institutional variety in American higher education. In J. H. Schuh, S. R. Jones, S. R. Harper, & Associates, *Student services: A handbook for the professional* (5th ed.) (pp. 24–42). San Francisco, CA: Jossey-Bass.

Guarasci, R. (2001). Recentering learning: An interdisciplinary approach to academic and student affairs. In A. J. Kezar, D. J. Hirsch, & C. Burack (Eds.), *Understanding the role of academic and student affairs collaboration in creating a successful learning environment*, (pp. 101–109). New Directions for Student Services, 116, San Francisco, CA: Jossey-Bass.

Guba, E. G., & Lincoln, Y. S. (1989). *Fourth generation evaluation*. Thousand Oaks, CA: Sage.

Guthrie, K. L., & Osteen, L. (Eds.). (2013). *Developing students' leadership capacity*. New Directions for Student Services, 140. San Francisco, CA: Jossey-Bass.

Hamrick, F. A., Evans, N. J., & Schuh, J. H. (2002). *Foundations of student affairs practice: How philosophy, theory, and research strengthen educational outcomes*. San Francisco, CA: Jossey-Bass.

Hamrick, F. A., & Rumann, C. B. (2012). *Called to serve: A handbook on student veterans and higher education*. San Francisco, CA: Jossey-Bass.

Harding, S. (Ed.). (1987). *Feminism and methodology: Social sciences issues*. Bloomington, IN: Indiana University Press.

Harding, S. (1991). *Whose science? Whose knowledge? Thinking from women's lives*. Ithaca, NY: Cornell University Press.

Harper, S. R., & Quaye, S. J. (Eds.). (2009). Student engagement in higher education: Theoretical perspectives and practical approaches for diverse populations. New York, NY: Routledge.

Hecht, I. D., Higgerson, M. L., Gmelch, W. H., & Tucker, A. (1999). *The department chair as academic leader*. Phoenix, AZ: The American Council on Education and Oryx Press.

Hersh, R. H. (1999). Generating ideals and transforming lives: A contemporary case for the residential liberal arts college. *Daedalus*, 128 (1), 173–194.

Hirt, J. B. (2009). The importance of institutional mission. In G. S. McClellan & J. Stringer (Eds.), *The Handbook of Student Affairs Administration* (3rd ed., pp. 19–38). Washington, DC: NASPA, Student Affairs Administrators in Higher Education.

Hirt, J.B., Amelink, C. T., & Schneiter, S. (2004). The nature of student affairs work in the liberal arts college. *NASPA Journal*, 42, 94–110.

Horowitz, H. L. (1987). *Campus life: Undergraduate cultures form the end of the eighteenth century to the present*. Chicago, IL: University of Chicago Press.

Hu, S., & Kuh, G.D. (2002). Being (dis) engaged in educationally purposeful activities: The influence of student and institutional characteristics. *Research in Higher Education*, 43, 555–576.

Hussar, W. J., & Bailey, T. M. (2013). Projections of Education Statistics to 2021 (NCES 2013-008). U.S. Department of Education, National Center for Education Statistics, Washington, DC: U.S. Government Printing Office.

Jackson, M. L., Moneta, L., & Nelson, K. A. (2009). Effective management of human capital in student affairs. In G. S. McClellan, J. Stringer, & Associates, *The handbook of student affairs administration* (3rd ed., pp. 333–354). San Francisco, CA: Jossey-Bass.

Javinar, J.M. (2000). Student life and development. In L. K. Johnsrud & V. J. Rosser (Eds.), *The work and career paths of midlevel administrators*, (pp. 85–93). New Directions for Higher Education, 111. San Francisco, CA: Jossey-Bass.

Jessup-Anger, J., Wawrzynski, M. R., & Yao, C. W. (2011). Enhancing undergraduate education: Examining faculty experiences during their first year in a residential college and exploring the implications for student affairs professionals. *Journal of College and University Student Housing*, 38 (1), 56–69.

Johnson, D. W., Johnson, R., & Smith, K. A. (1991). *Cooperative learning: Increasing college faculty instructional productivity*. ASHE-ERIC Higher Education Report No. 4. Washington, DC: The George Washington University, School of Education and Human Development.

Josselson, R. (1987). *Finding herself: Pathways to identity development in women*. San Francisco, CA: Jossey-Bass.

Keeling, R. P., Wall, A. F., Underhile, R., & Dungy, G. J. (2008). *Assessment reconsidered*. Washington, DC: National Association of Student Personnel Administrators.

Kezar, A. (2003a). Achieving student success: Strategies for creating partnerships between academic and student affairs. *NASPA Journal*, 41, 1–22.

Kezar, A. (2003b). Enhancing innovative partnerships: Creating a change model for academic and student affairs collaboration. *Innovative Higher Education*, 28, 137–156.

Kezar, A., Hirsch, D. J., & Burack, C. (2002). *Understanding the role of academic and student affairs collaboration in creating successful learning enrivonments*. San Francisco, CA: Jossey-Bass.

Kezar, A., & Lester, J. (2009). *Organizing higher education for collaboration: A guide for campus leaders*. San Francisco, CA: John Wiley & Sons.

Kinzie, J., & Kuh, G. D. (2004). Going DEEP: Learning from campuses that share responsibility for student success. *About Campus*, 9 (5), 2−8.

Knock, G. (1988). The philosophical heritage of student affairs. In A. L. Rentz & G. L. Saddlemire (Eds.), *Student affairs functions in higher education*. Springfield, IL: Charles C. Thomas.

Kohlberg, L. (1969). Stage and sequence: The cognitive-developmental approach to socialization. In D. Goslin, *Handbook of socialization theory and research* (pp. 347−480). New York, NY: Rand McNally.

Komives, S. R., & Carpenter, S. (2009). Professional development as lifelong learning. In G. S. McClellan, J. Stringer, & Associates, *The handbook of student affairs administration* (3rd ed., pp. 371−387). San Francisco, CA: Jossey-Bass.

Komives, S., Lucas, N., & McMahon, T. (2013). *Exploring leadership: For college students who want to make a difference* (3rd ed.). San Francisco, CA: Jossey-Bass.

Kouzes, J. M, & Posner, B. Z. (2002). *The leadership challenge* (3rd ed.). San Francisco, CA: Jossey-Bass.

Kuh, G. D. (1996). Guiding principles for creating seamless learning environments for undergraduates. *Journal of College Student Development*, 37, 135−148.

Kuh, G.D. (1999). Setting the bar high to promote student learning. In G. S. Blimling, E. J. Whitt, & Associates, *Good practice in student affairs: Principles to foster student learning* (pp. 67−81). San Francisco, CA: Jossey-Bass.

Kuh, G. D. (2001a). Assessing what really matters to student learning: Inside the National Survey of Student Engagement. *Change*, 33 (3), 10−17, 66.

Kuh, G.D. (2001b). The National Survey of Student Engagement: Conceptual framework and overview of psychometric properties. Bloomington, IN: Indiana University Center for Postsecondary Research.

Kuh, G.D. (2003, March/April). What we're learning about student engagement from NSSE. *Change*, 35 (2), 24−32.

Kuh, G. D. (2008). *High-impact educational practices: What they are, who has access to them, and why they matter*. Washington, DC: Association of American Colleges and Universities.

Kuh, G. D. (2009). What student affairs professionals need to know about student engagement. *Journal of College Student Development*, 50 (6), 683−706.

Kuh, G. D., & Ikenberry, S. (2009). More than you think, less than we need: Learning outcomes assessment in American higher education. Urbana, IL: University of Illinois and Indiana University, National Institute for Learning Outcomes Assessment.

Kuh, G.D., Kinzie, J., Buckley, J., Bridges, B. K., & Hayek, J.C. (2007). *Piecing together the student success puzzle: Research, propositions, and recommendations*. ASHE Higher Education Report, 32(5). San Francisco, CA: Jossey-Bass.

Kuh, G. D., Kinzie, J., Schuh, J. H., & Whitt, E. J. (2005). Never let it rest: Lessons about student success from high-performing colleges and universities. *Change*, 37 (4), 44–51.

Kuh, G. D., Kinzie, J., Schuh, J., Whitt, E., & Associates. (2005/2010). *Student success in college: Creating conditions that matter*. San Francisco, CA: Jossey-Bass.

Kuh, G.D., Kinzie, J., Schuh, J. H., & Whitt, E. J. (2011). Fostering student success in hard times. *Change: The Magazine of Higher Learning*, 43 (4), 13–19.

Kuh, G.D., Schuh, J., Whitt, E., & Associates. (1991). *Involving colleges*. San Francisco, CA: Jossey-Bass.

Kuk, L. (2009). The dynamics of organizational models within student affairs. In G. McClellan & J. Stringer (Eds.), *The handbook of student affairs administration* (pp. 313–332). Washington, DC: NASPA, Student Affairs Administrators in Higher Education.

Kuk, L., & Banning, J. H. (2009). Designing student affairs organizational structures: Perceptions of senior student affairs officers. *NASPA Journal*, 46 (1), 94–117.

Kuk, L., Banning, J. H., & Amey, M. J. (2010). *Positioning student affairs for sustainable change: Achieving organizational effectiveness through multiple perspectives*. Sterling, VA: Stylus Publishing.

LeCompte, M. D., & Preissle, J. (1993). *Ethnography and qualitative design in educational research*. San Diego, CA: Academic Press.

Levine, A., & Cureton, J. S. (1998). *When hope and fear collide*. San Francisco, CA: Jossey-Bass.

Lewin, K. (1946). Force field analysis. *The 1973 Annual Handbook for Group Facilitators*, 111–13.

Lightfoot, S. L. (1986). On goodness in schools: Themes of empowerment. *Peabody*

Journal of Education, 63 (3), 9–28.

Lincoln, Y. S., & Guba, E. (1985). *Naturalistic inquiry*. Thousand Oaks, CA: Sage.

Lyons, J. W. (1993). The importance of institutional mission. In M. J. Barr & Associates, *The handbook of student affairs* (pp. 3–15). San Francisco, CA: Jossey-Bass.

Magolda, M. B. B. (1999). Engaging students in active learning. In G. S. Blimling, E. J. Whitt, & Associates, *Good practice in student affairs: Principles to foster student learning* (pp. 21–43). San Francisco, CA: Jossey-Bass.

Magolda, P. M. (2005). Proceed with caution: Uncommon wisdom about academic and student affairs partnerships. *About Campus*, 9 (6), 16–21.

Manning, K. (2013). *Organizational theory in higher education*. New York, NY: Routledge.

Marine, S. B. (2011). "Our college is changing": Women's college student affairs administrators and transgender students. *Journal of Homosexuality*, 58 (9), 1165–1186.

Martin, J., & Murphy, S. (2000). *Building a better bridge: Creating effective partnerships between academic affairs and student affairs*. Washington, DC: National Association of Student Personnel Administrators.

McCormick, A. C., Kinzie, J., & Gonyea, R. M. (2013). Student engagement: Bridging research and practice to improve the quality of undergraduate education. In M. B. Paulsen (Ed.), *Higher education: Handbook of theory and research*, 28 (pp. 47–92). Dordrecht, The Netherlands: Springer.

McCoy, D. L. (2011). Multicultural student services at public institutions. In D. Stewart (Ed.), *Multicultural student services on campus: Building bridges, re-visioning community* (pp. 140–153). Sterling, VA: Stylus.

McKeachie, W. J., Pintrich, P.R., Lin, Y., & Smith, D. (1986). *Teaching and learning in the college classroom: A review of the research*. Ann Arbor, MI: National Center for Research to Improve Postsecondary Teaching and Learning, University of Michigan.

Merriam, S. (2002). *Qualitative research and case study applications in education*. San Francisco, CA: Jossey-Bass.

Michalak, S. J., & Robert, J. F. (1981). Research productivity and teaching effectiveness at a small liberal arts college. *Journal of Higher Education*, 52 (6), 578–597.

Miller, M.A. (2012, January). *From denial to acceptance: The stages of assessment* (NILOA Occasional Paper No. 13). Urbana, IL: University of Illinois and Indiana University, National Institute for Learning Outcomes Assessment.

Miller, M. A., & Ewell, P. (2005). *Measuring up on college-level learning*. San Jose, CA: National Center for Public Policy and Higher Education.

Miser, K. M., & Cherrey, C. (2009). Responding to campus crisis. In G. S. McClellan, J. Stringer, & Associates, *The handbook of student affairs administration* (3rd ed., pp. 602–622). San Francisco, CA: Jossey-Bass.

Morgan, G. (1997). *Images of organization*. Thousand Oaks, CA: Sage.

Mueller, K. H. (1961). *Student personnel work in higher education*. Boston, MA: Houghton Mifflin.

National Association of Student Personnel Administrators (NASPA). (1989). *Points of view*. Washington, D.C.: Author.

National Commission on Excellence in Education. (1983). *A nation at risk*. Washington, DC: Author.

National Survey of Student Engagement (NSSE). (2002). *From promise to progress: How colleges and universities are using student engagement results to improve collegiate quality*. Bloomington, IN: Indiana University Center for Postsecondary Research.

National Survey of Student Engagement (NSSE). (2003a). *Converting data into action: Expanding the boundaries of institutional improvement*. Bloomington, IN: Indiana University Center for Postsecondary Research.

National Survey of Student Engagement (NSSE). (2003b). Final report, Alverno College. Bloomington, IN: Unpublished paper.

National Survey of Student Engagement (NSSE). (2003c). Final report, George Mason University. Bloomington, IN: Unpublished paper.

National Survey of Student Engagement (NSSE). (2003d). Final report, Gonzaga University. Bloomington, IN: Unpublished paper.

National Survey of Student Engagement (NSSE). (2003e). Final report, Long-wood University. Bloomington, IN: Unpublished paper.

National Survey of Student Engagement (NSSE). (2003f). Final report, Macalester College. Bloomington, IN: Unpublished paper.

National Survey of Student Engagement (NSSE). (2003g). Final report, University of Maine-Farmington. Bloomington, IN: Unpublished paper.

National Survey of Student Engagement (NSSE). (2004a). *Converting data into action: Expanding the boundaries of institutional improvement*. Bloomington, IN: Indiana University Center for Postsecondary Research.

National Survey of Student Engagement (NSSE). (2004b). Final report, The Evergreen State University. Bloomington, IN: Unpublished paper.

National Survey of Student Engagement (NSSE). (2004c). Final report, University of Kansas. Bloomington, IN: Unpublished paper.

National Survey of Student Engagement (NSSE). (2012). *Promoting student learning and institutional improvement: Lessons from NSSE at 13*. Bloomington, IN: Indiana University Center for Postsecondary Research.

Nesheim, B. E., Guentzel, M. J., Kellogg, A.H., McDonald, W. M., Wells, C. A., & Whitt, E. J. (2007). Outcomes for students of student affairs-academic affairs partnership programs.*Journal of College Student Development*, 48 (4), 435–454.

Newton, F. B., Ender, S. C., & Gardner, J. N. (2010). *Students helping students: A guide for peer educators on college campuses*. San Francisco, CA: Jossey-Bass.

Noddings, N. (1984). *Caring: A feminine approach to ethics and moral education*. Berkeley, CA: University of California Press.

Nuss, E. M. (2003). The development of student affairs. In S. Komives & D. Woodard (Eds.), *Student services: A handbook for the profession* (pp. 65–88). San Francisco, CA: Jossey-Bass.

Osteen, L., & Coburn, M. B. (2012). Considering context: Developing students' leadership capacity. In K. L. Guthrie & L. Osteen (Eds.), *Developing students' leadership capacity* (pp. 5–15), New Directions for Student Services, 140. San Francisco, CA: Jossey-Bass.

Pace, C. R. (1980). Measuring the quality of student effort. *Current Issues in Higher Education*, 2, 10–16.

Pace, C.R. (1982). *Achievement and the quality of student effort*. Washington, DC: National Commission on Excellence in Education.

Pascarella, E. T. (2001). Identifying excellence in undergraduate education: Are we even close? *Change*, 33 (3), 19–23.

Pascarella, P. T., & Terenzini, E.T. (1991). *How college affects students*. San Francisco, CA: Jossey-Bass.

Pascarella, P. T., & Terenzini, E. T. (2005). *How college affects students: A third decade of research*. San Francisco, CA: Jossey-Bass.

Perozzi, B. (Ed.). (2009). *Enhancing student learning through college employment*. Indianapolis, IN: Dog Ear Publishing.

Pike, G. R. (1993). The relationship between perceived learning and satisfaction with college: An alternative view. *Research in Higher Education*, 34 (1), 23–40.

Price, J. (1999). Merging with academic affairs: A promotion or demotion for student affairs? In J. Schuh & E. Whitt (Eds.), *Partnerships between academic and student affairs*, (pp. 75–83). New Directions for Student Services, 87. San Francisco, CA: Jossey-Bass.

Radford, A. W. (2011). *Learning at a distance. Undergraduate enrollment in distance education courses and degree programs*. (NCES 2012–154). Washington, DC: U.S. Department of Education, National Center for Education Statistics.

Reason, R. D., & Kimball, E.W. (2012). A new theory-to-practice model for student affairs: Integrating scholarship, context, and reflection. *Journal of Student Affairs Research and Practice*, 49 (4), 359–376.

Reisser, L., & Roper, L. (1999). Using resources to achieve institutional missions and goals. In G. S. Blimling, E. J. Whitt, & Associates, *Good practice in student affairs* (pp. 113–131). San Francisco, CA: Jossey-Bass.

Rendón, L. I. (1994). Validating culturally diverse students: Toward a new model of learning and student development. *Innovative Higher Education*, 19 (1), 33–51.

Renn, K. A., & Reason, R. D. (2013). *College students in the United States: Characteristics, experiences, and outcomes*. San Francisco: Jossey-Bass.

Rentz, A. L., & Saddlemire, G. L. (1988). *Student affairs functions in higher education*. Springfield, IL: Charles C. Thomas.

Rhatigan, J. J. (2000). The history and philosophy of student affairs. In M. J. Barr, M. J. Desler, & Associates, *The handbook of student affairs administration* (pp. 3–24). San Francisco, CA: Jossey-Bass.

Rhatigan, J. J. (2003). The history and philosophy of student affairs. In S. Komives & D. Woodard (Eds.), *Student services: A handbook for the profession* (pp. 3–24). San Francisco, CA: Jossey-Bass.

Rhatigan, J. J. (2009). From the people up: A brief history of student affairs administration. In G. S. McClellan, J. Stringer, & Associates, *The handbook of student affairs administration* (3rd ed., pp. 3–18). San Francisco, CA: Jossey-Bass.

Rhatigan, J. J., & Schuh, J. H. (1993). The dean over 75 years: Some key themes. *NASPA Journal*, 30, 83–92.

Richards, L. (2002). *Using N6 in qualitative research*. Melbourne, Australia: QSR International.

Roberts, D. C. (1981). *Student leadership programs in higher education*. ACPA Media Monograph Series, 30. Cardondale, IL: Southern Illinois University Press.

Roberts, D. C. (1998). Student learning was always supposed to be the core of our work: What happened? *About Campus*, 3 (3), 18–22.

Roberts, D. C. (2012). The student personnel point of view as a catalyst for dialogue: 75 years and beyond. *Journal of College Student Development*, 53 (1), 2–18.

Romer, R. (1995). Making quality count in undergraduate education. Denver, CO: Denver Education Commission of the States.

Roper, L., & Matheis, C. (2011). Conflict resolution. In J. H. Schuh, S. R. Jones, S. R. Harper, & Associates, *Student services: A handbook for the profession* (5th ed., pp. 433–447). San Francisco: Jossey-Bass.

Rudolph, F. (1990). *The American college and university: A history*. Athens, GA: University of Georgia Press.

Saddlemire, G. L. (1988). Student activities. In A. L. Rentz & G. L. Saddlemire (Eds.), *Student affairs functions in higher education*. Springfield, IL: Charles C. Thomas.

Sanchez, F. (2013). *Negotiating with hurricanes: A system response to student crisis*. Featured speech at the annual conference of the National Association of Student Personnel Administrators, Orlando, FL.

Sandeen, A. (1991). *The chief student affairs officer: Leader, manager, mediator, educator*. San Francisco, CA: Jossey-Bass.

Sandeen, A. (2001). Organizing student affairs divisions. In R. B. Winston, Jr., D. G. Creamer, T. K. Miller, & Associates, *The professional student affairs administrator* (pp. 181–209). New York, NY: Routledge.

Sandeen, A. (2004). Educating the whole student: The growing academic importance of student affairs. *Change*, 36 (3), 28–33.

Sandeen, A., & Barr, M. J. (2006). *Critical issues for student affairs*. San Francisco,

CA: Jossey-Bass.

Sanford, N. (1962). *The American college*. New York, NY: Wiley.

Sax, L. J., & Harper, C. E. (2011). Using research to inform practice. In J. Schuh, S. R. Jones, S. R. Harper, & Associates, *Student Services: A handbook for the profession* (5th ed., pp. 499–514). San Francisco, CA: Jossey-Bass.

Schlossberg, N. K. (1989). Marginality and mattering: Key issues in building community. In D. C. Roberts (Ed.), *Designing campus activities to foster a sense of community*, (pp. 5–15). New Directions for Student Services, 48. San Francisco, CA: Jossey-Bass.

Schroeder, C. C. (1999a). Forging educational partnerships that advance student learning. In G. S. Blimling, E. J. Whitt, & Associates, *Good practice in student affairs: Principles to foster student learning* (pp. 133–156). San Francisco, CA: Jossey-Bass.

Schroeder, C. C. (1999b). Partnerships: An imperative for enhancing learning and institutional effectiveness. In J. H. Schuh & E. J. Whitt (Eds.), *Creating successful partnerships between academic and student affairs*, (pp. 5–18). New Directions for Student Services, 87. San Francisco, CA: Jossey-Bass.

Schroeder, C. C. (2003). How are we doing at engaging students? Charles Schroeder talks to George Kuh. *About Campus*, 8(1), 9–16.

Schroeder, C. C., & Hurst, J. C. (1996). Designing learning environments that integrate curricular and cocurricular experiences. *Journal of College Student Development*, 37, 174–181.

Schuh, J. H. (1983). When the measles come to college: Implications for student affairs administrators. *The College Student Affairs Journal*, 5 (2), 32–36.

Schuh, J. (1999). Guiding principles for evaluating student and academic affairs partnerships. In J. H. Schuh & E. J. Whitt (Eds.), *Creating successful partnerships between academic and student affairs* (pp. 85–92). New Directions for Student Services, 87. San Francisco, CA: Jossey-Bass.

Schuh, J. H. (2007). Changing student services through assessment. In G. L. Kramer (Ed.), *Fostering student success in the campus community* (p.61–80). San Francisco, CA: Jossey-Bass.

Schuh, J. H. (2012). *Assessment in student affairs: One more thing to do or central to student affairs practice*? Keynote speech delivered at University of Tennessee

Assessment Conference, Knoxville, TN.

Schuh, J. H., & Associates. (2009). *Assessment methods for student affairs*. San Francisco, CA: Jossey-Bass.

Schuh, J. H., & Gansemer-Topf, A. M. (2010). The role of student affairs in student learning assessment. National Institute for Learning Outcomes Assessment Occasional Paper. Retrieved from http://www.learningoutcomeassessment.org/occasionalpapers.htm

Schuh, J. H., & Whitt, E. J. (Eds.). (1999). *Creating successful partnerships between academic and student affairs*. New Directions for Student Services, 87. San Francisco, CA: Jossey-Bass.

Schwartz, R. A. (1997). How deans of women became men. *The Review of Higher Education*, 20, 419–436.

Schwartz, R. A. (2002). The rise and demise of deans of men. *The Review of Higher Education*, 26, 217–236.

Seifert, T. A., Arnold, C., Burrow, J., & Brown, A. (2011). *Supporting student success: The role of student services within Ontario's postsecondary institutions*. Toronto: The Higher Education Quality Council of Ontario.

Shaffer, R. H. (1961/1986). Student personnel problems requiring a campus-wide approach. In G. L. Saddlemire & A. L. Rentz (Eds.), *Student affairs: A profession's heritage* (pp. 183–191). Alexandria, VA: ACPA.

Shutt, M. D., Garrett, J.M., Lynch, J. W., & Dean, L.A. (2012). An assessment model as best practice in student affairs. *Journal of Student Affairs Research and Practice*, 49 (1), 65–82.

Simon, H. A. (1957). *Administrative behavior*. New York, NY: Free Press.

Smith, R. L., Jr., & Director, E. O. (2006). Task force report on the organizational structure of the division of Educational and Student Services (ESS). Iowa City, IA: University of Northern Iowa.

Snyder, T. D., & Dillow, S. A. (2012). *Digest of education statistics 2011* (NCES 2012–001). National Center for Education Statistics, Institute of Education Sciences, U.S. Department of Education, Washington, DC.

Sorcinelli, M. D. (1991). Research findings on the seven principles. In A. W. Chickering & Z. F. Gamson (Eds.), *Applying the seven principles for good practice in undergraduate education*, (pp. 13–25). New Directions for Teaching and Learning, 47. San Francisco, CA: Jossey-Bass.

Southern Association of Colleges and Schools Commission on Colleges. (2012). *The principles of accreditation: Foundations for quality enhancement*. Decatur, GA: Author.

Strange, C. C., & Banning, J. H. (2001). *Educating by design: Creating campus learning environments that work*. San Francisco, CA: Jossey-Bass.

Study Group on the Conditions of Excellence in American Higher Education. (1984). *Involvement in learning: Realizing the potential of American higher education*. Washington, DC: National Institute of Education.

Sullivan, B. (2010). Organizing, leading, and managing student services. In D. Hardy Cox & C. C. Strange (Eds.), *Achieving student success: Effective student services in Canadian higher education* (pp. 165–191). Montreal & Kingston: McGill-Queens University Press.

Tagg, J. (2003). *The learning paradigm college*. Boston, MA: Anker Publishing.

Thelin, J. R. (2003). Historical overview of American higher education. In S. R. Komives, D. B. Woodard, Jr., & Associates, *Student services: A handbook for the profession* (4th ed., pp. 3–22). San Francisco, CA: Jossey-Bass.

Thelin, J. R. (2004). *A history of American higher education*. Baltimore, MD: The Johns Hopkins University Press.

Thelin, J. R., & Gasman, M. (2011). Historical overview of American higher education. In J. H. Schuh, S. R. Jones, S. R. Harper, & Associates, *Student services: A handbook for the profession* (5th ed., pp. 3–23). San Francisco, CA: Jossey-Bass.

Tinto, V. (1993). *Leaving college: Rethinking the causes and cures of student attrition* (2nd ed.). Chicago, IL: University of Chicago Press.

Tinto, V. (1996). Reconstructing the first year of college. *Planning for Higher Education*, 25 (1), 1–6.

Tinto, V. (2012). *Completing college: Rethinking institutional action*. Chicago, IL: University of Chicago Press.

Torres, V. (2007). *One size does not fit all: Traditional and innovative models of student affairs practice* (review). *The Journal of Higher Education*, 78 (6), 718–720.

Tull, A., & Freeman, J. (2008). Chief student affairs officer titles: Standardization of titles and broadening of labels. *NASPA Journal*, 45 (2), 265–281.

U.S. Department of Education. (2006). *A test of leadership: Charting the future of U.S. higher education*. Washington, DC: Author.

U.S. Department of Education. (2011). *Digest of Education Statistics*. Washington, DC: U.S. Department of Education, National Center for Education Statistics, Integrated Postsecondary Education Data System (IPEDS).

U.S. Department of Education. (2012). *Digest of Education Statistics 2011*. Washington, DC: National Center for Education Statistics, U.S. Department of Education. Retrieved from http://nces.ed.gov/programs/digest/d11/

U.S. Department of Education. (2013). Advance release of selected 2012 tables. Washington, DC: National Center for Education Statistics, U.S. Department of Education. Retrieved from http://nces.ed.gov/programs/digest/2012menu_tables.asp

Wawrzynski, M. R., Heck, A. M., & Remley, C. T. (2012). Student engagement in South African higher education. *Journal of College Student Development*, 53 (1), 106–123.

Weber, M. (1947). *The theory of social and economic organization*. London: Oxford University Press.

Weick, K. (1976). Educational organizations as loosely-coupled systems. *Administrative Science Quarterly*, 21, 1–21.

Weick, K. E. (1984). Small wins: Redefining the scale of social problems. *American Psychologist*, 39 (1), 40–49.

Wheatley, M. (2010). *Leadership and the new science: Learning about organization from an orderly universe*. San Francisco, CA: Berrett-Koehler.

Whitt, E. J. (2011). Academic and student affairs partnerships. In J. H. Schuh, S. R. Jones, S. R. Harper, & Associates, *Student services: A handbook for the profession* (5th ed., pp. 482–496). San Francisco, CA: Jossey-Bass.

Whitt, E. J., & Kuh, G.D. (1991). Qualitative research in higher education: A team approach to multiple site investigation. *Review of Higher Education*, 14, 317–337.

Whitt, E. J., Nesheim, B. E., Guentzel, M. J., Kellogg, A. H., McDonald, W. M., & Wells, C. A. (2008). "Principles of good practice" for academic and student affairs partnership programs. *Journal of College Student Development*, 49 (3), 235–249.

Winston, R. B., & Ender, S. C. (1988). Use of student paraprofessionals in divisions of college student affairs. *Journal of Counseling & Development*, 66 (10), 466–473.

Wolf-Wendel, L., Ward, K., & Kinzie, J. (2009). A tangled web of terms: The overlap and unique contribution of involvement, engagement, and integration to understanding college student success. *Journal of College Student Development*, 50, 407–428.

Yeater, E. A., Miltenberger, P. A., Laden, M. R., Ellis, S., & O'Donohue, W. (2001). Collaborating with academic affairs: The development of a sexual assault prevention and counseling program within an academic department. *NASPA Journal*, 38, 438–450.

Young, R. B. (1996). Guiding values and philosophy. In S. R. Komives, D. B. Woodard, Jr., & Associates, *Student services: A handbook for the profession* (3rd ed., pp. 83–105). San Francisco, CA: Jossey-Bass.

Zohar, D. (1997). *Rewiring the corporate brain: Using the new science to rethink how we structure and lead organizations*. San Francisco, CA: Berrett-Koehler.

索　引

索引中的页码为原书页码，斜体页码指代图表